DU

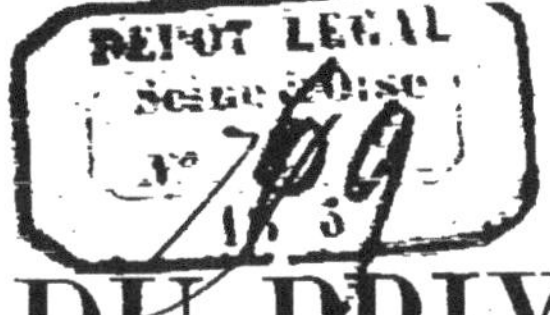

PAIEMENT DU PRIX

PAR L'ACHETEUR

EN

MATIÈRE DE VENTE

PAR

DANIEL DE FOLLEVILLE

PROFESSEUR A LA FACULTÉ DE DROIT DE DOUAI

AVOCAT A LA COUR D'APPEL

(Extrait de la *Revue pratique de droit français*, t. XXXIX, p. 501 et suiv.)

PRIX : 1 FR. 50

PARIS

A. MARESCQ AINÉ, LIBRAIRE-ÉDITEUR

17, RUE SOUFFLOT, 17

1875

DU PAIEMENT DU PRIX

PAR L'ACHETEUR

EN MATIÈRE DE VENTE

OUVRAGES DU MÊME AUTEUR

Des caractères distinctifs des associations commerciales en participation (1865). Durand. Une brochure in-8. — *Épuisée.*

Considérations générales sur l'acquisition ou la libération par l'effet du temps (1869). Thorin. 1 vol. gr. in-8.......... 3 »

De l'interdiction considérée comme cause de séparation de biens judiciaire (1870). Cotillon. Une brochure in-8........ 1 50

Étude sur le paiement avec subrogation; ses caractères distinctifs (1871). Thorin. Une brochure in-8................ 1 »

Programme sommaire du cours de Code civil (*Deuxième examen*), *avec une Étude sur le partage d'ascendants* (1871). Thorin. 1 vol. in-8.. 8 »

Étude sur la jonction des possessions (*art.* 2235 *du Code civil*) (1871). Marescq aîné. Une brochure in-8...................... 2 50

De la revendication des titres au porteur en matière de faillite (1871). Marescq aîné. Une brochure in-8.............. 1 »

De la publicité des contrats pécuniaires de mariage, d'après la loi du 10 juillet 1850. Marescq aîné (1872). Une brochure in-8.. 2 »

La loi du 12 août 1870 et le cours forcé des billets de la Banque de France (1872). Marescq aîné. Une brochure in-8..... » 50

Sommaire des Prolégomènes du cours de Code civil (1873). Thorin. Une brochure in-8................................. 2 50

Notion du droit et de l'obligation (quatre premières leçons d'un cours triennal de Code civil). Une brochure in-8................ 2 50

De la légitimation des enfants incestueux (simple note extraite du *Recueil spécial de Jurisprudence de la Cour de Douai*, t. XXXI, p. 109 (1873). Thorin. Une brochure in-8............................. » 50

De la délégation des fonctions de l'instruction aux juges suppléants (1873). Thorin. Une brochure in-8.............. » 50

Comparaison des articles 434, 443 et 479 § 1er du Code pénal (compte rendu d'une réforme proposée par M. de Caudaveine, président de chambre à la cour d'appel de Douai (1874). Marescq aîné. Une brochure in-8.. » 50

Essai sur la vente de la chose d'autrui (1874). Marescq aîné. 1 vol. in-8.. 3 50

De la possession précaire (1874). Marescq aîné. Une br. in-8. 1 50

Traité de la possession des meubles et des titres au porteur (1875). Marescq aîné. 1 vol. in-8. — Seconde édition........... 12 »

Des clauses de remploi et de la société d'acquêts sous le régime dotal (Étude suivie du programme de six cours sur la communauté réduite aux acquêts) (1875). Marescq aîné. — Une brochure in-8 .... 2 50

DU
PAIEMENT DU PRIX

PAR L'ACHETEUR

EN

MATIÈRE DE VENTE

PAR

DANIEL DE FOLLEVILLE

PROFESSEUR A LA FACULTÉ DE DROIT DE DOUAI

AVOCAT A LA COUR D'APPEL

(Extrait de la *Revue pratique de droit français*, t. XXXIX, p. 501 et suiv.)

PRIX : **1** FR. **50**

PARIS

A. MARESCQ AÎNÉ, LIBRAIRE-ÉDITEUR

17, RUE SOUFFLOT, 17

1875

DU PAIEMENT DU PRIX

PAR L'ACHETEUR

EN MATIÈRE DE VENTE

SOMMAIRE.

1. Exposition générale et division. — 2. *Chapitre premier.* A quelle époque et en quel lieu doit s'effectuer le paiement du prix de la vente? — 3. *Chapitre deuxième.* L'acheteur doit-il quelquefois les intérêts du prix de vente, et dans quels cas les doit-il? — 4. *Chapitre troisième.* Dans quels cas l'acheteur peut-il suspendre exceptionnellement le paiement du prix de la vente? — 5. *Chapitre quatrième.* Quelles sont les conséquences du refus de l'acheteur ou de l'impossibilité où il se trouve de payer son prix? — 6. Section première. Notions historiques sur l'action résolutoire : sa nature. — 7. Section deuxième. Dans quelles ventes l'action résolutoire est-elle accordée au vendeur en vertu de l'art. 1654? — 8. Si le prix de la vente consiste en une rente viagère, la condition résolutoire sera-t-elle encore sous-entendue? — 9. Combinaison de l'art. 1654 avec l'art. 2279. — 10. Section troisième. Comparaison de la clause résolutoire expresse et tacite. — 11. De la clause résolutoire légale ou tacite. — 12. De la clause résolutoire expresse ou conventionnelle. — 13. Section quatrième. Qui peut intenter, et contre qui peut être intentée l'action résolutoire? — 14. *Quid* du cessionnaire d'une créance de vendeur? — 15. *Quid* d'un subrogé? — 16. Contre qui l'action résolutoire peut-elle être dirigée? — Énumération. — 17. L'action résolutoire est indivisible activement et passivement : conséquences. — 18. Section cinquième. Quelles fins de non-recevoir peut-on opposer à l'action résolutoire? — Énumération. — 19. De la renonciation expresse ou tacite du vendeur. — 20. De la prescription trentenaire. — 21. Section sixième. Effets de la résolution accomplie et prononcée. — 22. *Quid* quant aux fruits? — 23. Suite. — 24. *Quid* quant aux risques? — 25. Suite. — 26. *Quid* quant aux impenses? — 27. Section septième. Devant quel tribunal doit être portée l'action en résolution? — 28. Par quel laps de temps cette action se prescrit-elle? — 29. Section huitième. Innovations apportées par l'art. 7 de la loi du 23 mars 1855. Notions historiques et économiques. — 30. L'action résolutoire est rattachée au privilége du vendeur, au point de vue de la publicité et de la durée. — 31. I. A quelles résolutions s'applique l'art. 7 de la loi du 23 mars 1855? — 32. Conditions dont la réunion est exigée, pour que l'action résolutoire puisse être

aujourd'hui considérée comme éteinte. — 33. II. Que faut-il entendre par des tiers ayant acquis, du chef de l'acquéreur, des droits sur l'immeuble vendu, dans le sens de l'art. 7 de la loi du 23 mars 1855?

1. La vente est, aux termes de l'article 1582 du Code civil, un contrat par lequel l'une des parties s'oblige à transférer à l'autre la propriété d'une chose, mobilière ou immobilière, moyennant un prix que celle-ci s'engage à lui payer. La vente est un contrat consensuel et synallagmatique, le plus souvent commutatif en même temps, mais pouvant aussi quelquefois revêtir le caractère aléatoire : comp. les art. 1102, 1104 et 1583. Le caractère bilatéral du contrat de vente entraîne surtout deux conséquences considérables : 1° au point de vue des règles de fond, et aux termes de l'article 1184, la condition résolutoire s'y trouve toujours sous-entendue, pour le cas où l'une des parties ne remplirait pas ses obligations ; 2° quant à la forme, lorsqu'une vente est constatée par un acte sous-seing privé, cet acte doit, aux termes de l'art. 1325, être rédigé en autant d'originaux qu'il y a de parties ayant un intérêt distinct. Cette formalité nous paraît même tellement essentielle que nous inclinons à considérer comme absolument nul l'acte sous seing privé contenant une vente et rédigé en un seul original. Nous croyons qu'un pareil acte ne devrait pas être admis à servir de commencement de preuve par écrit, dans les termes de l'art. 1347, à l'effet de rendre admissible la preuve par témoins du contrat. Nous devons toutefois reconnaître que la jurisprudence semble aujourd'hui fixée en sens contraire (Voy. Cass., 28 novembre 1864, Dev., 65-1-5, et M. Pont, *Revue critique*, t. XXV, p. 481 et suivantes). Comparez, sur la même question, une brochure publiée par notre savant collègue de la Faculté de droit de Nancy, M. Vaugeois.

L'acheteur est tenu de deux obligations, celle de prendre livraison de la chose (art. 1657), et celle de payer son prix. Cette dernière obligation sera seule ici l'objet de notre examen. Quant à l'obligation de prendre livraison, nous l'avons analysée dans notre *Traité de la possession des meubles et des titres au porteur*, n° 285 *bis*.

L'art. 1650 est ainsi conçu : « La principale obligation de « l'acheteur est de payer le prix, au jour et au lieu réglés par

« la vente ». Nous nous proposons d'étudier, sur cette obligation, les quatre questions suivantes, qui forment la division habituelle de notre cours sur cette matière importante :

1° A quelle époque et en quel lieu doit s'effectuer le paiement ?

2° L'acheteur doit-il quelquefois les intérêts de son prix de vente, et dans quels cas les doit-il ?

3° Dans quels cas peut-il suspendre exceptionnellement le paiement du prix de vente ?

4° Quelles sont les conséquences du refus de l'acheteur, ou de l'impossibilité où il se trouve de payer son prix ?

CHAPITRE PREMIER

A QUELLE ÉPOQUE ET EN QUEL LIEU DOIT S'EFFECTUER LE PAIEMENT DU PRIX DE LA VENTE ?

2. Les articles 1650 et 1651 répondent en ces termes à cette question : « La principale obligation de l'acheteur est de payer le prix au jour et au lieu réglés par la vente. — S'il n'a rien été réglé à cet égard, l'acheteur doit payer au lieu et dans le temps où doit se faire la délivrance ». Ainsi, le paiement du prix doit s'effectuer au temps et au lieu fixés par la convention : mais il peut se faire que rien n'ait été fixé sur ce point : alors, *pour les ventes au comptant*, le paiement devra s'effectuer, en vertu de l'art. 1651, au temps et au lieu où la délivrance doit se faire : *pour les ventes à terme*, le paiement devra être fait au domicile de l'acheteur, débiteur du prix d'après le principe général de l'art. 1247 *in fine*.

On a demandé si la disposition de l'art. 1651 resterait encore applicable aux ventes *faites au comptant*, dans le cas où le vendeur n'aurait pas exigé le paiement lors de la délivrance, et où il accorderait ainsi à l'acheteur un terme de pure complaisance ; ou si, au contraire, il ne faudrait pas appliquer l'art 1247 *in fine*, fait pour les ventes à terme.

Il nous semble raisonnable de dire que l'art. 1651 sera

toujours applicable, et d'écarter en conséquence l'art. 1247. — En effet, il est de principe que les renonciations sont de droit étroit, et doivent toujours être interprétées très-restrictivement : *Renuntiatio est strictissimæ interpretationis.* — Or, le vendeur a bien renoncé au droit de demander le paiement du prix lors de la délivrance ; mais rien ne prouve, au contraire, qu'il ait renoncé au droit d'exiger le paiement, au lieu où la délivrance s'est faite : l'art. 1651 doit donc être toujours appliqué, et le vendeur au comptant, même après avoir accordé un délai de complaisance, pourra néanmoins invoquer le bénéfice de cette disposition. Comparez M. Dalloz, *Code civil annoté*, sur l'art. 1651, et MM. Sirey et Gilbert, *Codes annotés*, sur le même article.

CHAPITRE II

L'ACHETEUR DOIT-IL QUELQUEFOIS LES INTÉRÊTS DU PRIX DE VENTE, ET DANS QUELS CAS LES DOIT-IL ?

3. L'art. 1652 répond ainsi à cette question : « L'acheteur doit l'intérêt du prix de la vente jusqu'au paiement du capital, dans les trois cas suivants : s'il a été ainsi convenu lors de la vente ; si la chose vendue et livrée produit des fruits ou autres revenus ; si l'acheteur a été sommé de payer ; dans ce dernier cas, l'intérêt ne court que depuis la sommation. »

De ce texte résulte un principe et trois exceptions : voici d'abord le principe. En thèse générale, l'acheteur ne doit jamais l'intérêt du prix, dans l'intervalle du contrat de vente au paiement du capital.

Mais, *exceptionnellement*, le prix de vente porte intérêt dans trois cas : 1° lorsque l'acheteur a formellement promis les intérêts ; 2° lorsqu'il a été sommé de payer le prix ; 3° enfin, lorsque la chose vendue produit des fruits.

Dans le premier cas, les intérêts courent du jour fixé par la convention, et si la convention est muette à cet égard, du jour même de la vente, puisque c'est grâce à elle que le vendeur devient créancier de la somme ; au second cas, les intérêts courent du jour de la sommation adressée à l'acheteur, et au troisième cas, du jour de la délivrance, puisque c'est à partir de ce jour que l'acheteur recueille les fruits dont les intérêts sont la compensation.

Le cours des intérêts dûs par l'acheteur, ne peut d'ailleurs être interrompu, ni par des saisies-arrêts interposées entre ses mains, ni par la nécessité où il se trouverait de tenir le prix à la disposition des créanciers ayant hypothèque sur l'immeuble vendu.

La consignation du prix peut seule l'affranchir du service des intérêts vis-à-vis de son vendeur (Voir Sirey, 1812, 2,351 et 1827, 1,454 ; MM. Aubry et Rau, § 356, texte et note 22. M. Dalloz, *Code civil annoté*, sur l'art. 1652 ; — MM. Sirey et Gilbert, *Codes annotés*, sur le même article).

———

CHAPITRE III

DANS QUELS CAS L'ACHETEUR PEUT-IL SUSPENDRE EXCEPTIÓNNELLEMENT LE PAIEMENT DU PRIX DE VENTE ?

4. L'art. 1653 répond en ces termes : « Si l'acheteur est troublé ou a juste crainte d'être troublé par une action soit hypothécaire, soit en revendication, il peut suspendre le paiement du prix, jusqu'à ce que le vendeur ait fait cesser le trouble, si mieux n'aime celui-ci donner caution, ou à moins qu'il n'ait été stipulé que nonobstant le trouble, l'acheteur paiera ». Ainsi, en dehors de toute stipulation particulière, l'acheteur qui a un juste sujet de craindre d'être troublé par une action de nature à pouvoir entraîner son éviction, est autorisé à suspendre le paiement du prix, à moins que le vendeur ne fournisse caution pour sa restitution ultérieure, si l'éviction prévue est consommée. C'est aux juges du fait au surplus qu'il appartient de décider s'il y a vraiment sujet

sérieux de craindre, ou si les motifs allégués par l'acheteur, ne sont pas de simples prétextes pour retarder déloyalement le paiement.

Cette disposition de l'art. 1653 qui permet à l'acheteur de suspendre son paiement par cela seul qu'il a lieu de *craindre* un trouble, est une heureuse innovation de notre Code; car l'ancienne jurisprudence ne lui accordait ce droit, qu'autant qu'il y avait eu un commencement de trouble effectif.

Au reste, non-seulement l'acheteur qui est réellement troublé, ou qui est à même d'établir que le vendeur n'était pas propriétaire de la chose, non-seulement, dis-je, cet acheteur peut refuser de se dessaisir du prix (art. 1653), mais encore il peut exercer un recours en *garantie*, ou même demander l'*annulation* de la vente avec dommages-intérêts, s'il est de bonne foi, en vertu de l'art. 1599. L'offre d'une caution, faite par le vendeur, ne saurait arrêter ces deux dernières actions que le droit commun accorde à l'acheteur (Comparez notre Essai sur la *Vente de la chose d'autrui*, nos 126 et suivants).

L'art. 1653 est applicable, même lorsque le danger de trouble ne porte que sur une partie de la chose vendue. Seulement alors, la caution que doit fournir le vendeur, sera limitée à la portion de l'immeuble en danger d'éviction (Sirey, 1835, 1, 280).

La faculté de retenir le prix cesse, lorsque l'acheteur s'est engagé à payer, nonobstant tout trouble, ou lorsque, connaissant le danger d'éviction, il a cependant promis de payer son prix dans un délai déterminé (Sirey, 1840, 1,511 et 1832, 2,517).

Ajoutons encore une observation : c'est que les intérêts, lorsqu'ils sont dus (art. 1652), courraient néanmoins pendant la suspension de paiement : en effet, la crainte d'un trouble, pas plus que le trouble lui-même, en dehors de toute éviction consommée, n'enlève pas la chose à l'acheteur ; celui-ci ne pourrait donc arrêter le cours des intérêts que par la consignation de son prix : (Comparez M. Dalloz et MM. Sirey et Gilbert, *Codes annotés*, sur l'art. 1653 du Code civil).

CHAPITRE IV

QUELLES SONT LES CONSÉQUENCES DU REFUS DE L'ACHETEUR, OU DE L'IMPOSSIBILITÉ OU IL SE TROUVE DE PAYER SON PRIX ?

5. L'art. 1654 répond à cette question dans les termes suivants : « Si l'acheteur ne paie pas le prix, le vendeur peut demander la résolution de la vente ». Ainsi le droit du vendeur, qui n'est pas *intégralement* payé, c'est de demander la résolution de la vente, que le contrat contienne d'ailleurs, ou ne porte pas une clause résolutoire. Cette disposition de l'art. 1654 n'est que l'application du principe posé par l'art. 1184, d'après lequel la condition résolutoire est sous-entendue dans tout contrat synallagmatique au profit de la partie envers laquelle l'autre n'exécute pas son engagement.

Cette garantie, sérieuse et puissante, donnée au vendeur, par l'action résolutoire, n'est pas, du reste, la seule ; un privilége lui est aussi assuré sur l'immeuble vendu par l'article 2103, n° 1, de même que l'art. 2102, n° 4, lui garantit un autre privilége. Aj. l'art. 1612.

Le vendeur d'un immeuble, en cas de non-payement du prix, a donc devant lui ouverte une triple voie coercitive :

1° Il peut user du droit de rétention, suivant les termes de l'art. 1612, ainsi conçu : « Le vendeur n'est pas tenu de délivrer la chose, si l'acheteur n'en paye pas le prix, et que le vendeur ne lui ait pas accordé un délai pour le payement ».

2° Il peut poursuivre la résolution de la vente, et alors il rentrera dans la possession de la chose, qui sera réputée rétroactivement n'avoir jamais cessé d'être sienne (art. 1654) ;

3° Ou bien, il usera du privilége que la loi lui confère, et alors il pourra saisir l'immeuble et se désintéresser complétement, et par préférence, sur le prix de la vente (art. 2103, n° 1).

L'action résolutoire, profondément modifiée par la loi du 23 mars 1855, donne lieu à l'examen de questions importantes que nous pouvons grouper sous les huit divisions suivantes :

1° Notions historiques. — Nature de l'action résolutoire.

2° Dans quelles ventes peut-elle être intentée ?

3° Comparaison de la clause résolutoire expresse, et de la clause résolutoire tacite.

4° Qui peut intenter et contre qui peut être intentée l'action résolutoire ?

5° Quelles fins de non-recevoir peut-on opposer à l'action en résolution, en vertu du Code civil ?

6° Effets de la résolution accomplie ou prononcée.

7° Devant quel tribunal doit être portée l'action résolutoire ?

8° Innovations apportées aux principes qui régissent l'action résolutoire, postérieurement au Code civil, et en particulier par la loi du 23 mars 1855, sur la transcription.

SECTION PREMIÈRE

Notions historiques sur l'action résolutoire. — Sa nature.

6. En cette matière, plus peut-être qu'en toute autre, il est important de bien saisir la filiation des idées. Il convient donc d'esquisser rapidement les principes admis, sur ce point, par le droit romain et par notre ancienne jurisprudence française.

En droit romain, dit M. Mourlon (*Transcription*, t. II, n° 744, p. 418), le vendeur demeure propriétaire de la chose vendue, aussi longtemps qu'il continue de la posséder. « *Traditionibus, dominia rerum, non nudis pactis, transferuntur* (Loi 20, *Code, De pactis*). » En outre, et alors même qu'il l'a livrée, elle lui appartient encore jusqu'à ce que l'acheteur ait effectué le paiement : « *Venditæ res et traditæ, non aliter emptori adquiruntur, quàm si is venditori pretium solverit.* » (Inst. *De divisione rerum*, § 41.)

Cependant, comme c'est d'après l'intention seule que l'on peut savoir si la tradition transfère ou non la propriété, on dut bientôt décider que la translation était immédiate et indépendante du paiement du prix, lorsque, d'après les circonstances, le vendeur, qui consentait à la tradition, pouvait être présumé suivre la foi de l'acheteur, et lui faire crédit.

Il était réputé avoir cette intention, s'il avait accordé un terme à l'acheteur pour le paiement du prix, ou même, en cas de vente sans terme, si l'acheteur lui avait fourni des garanties suffisantes (Inst., § 41, *De divisione rerum*). Dès lors, d'après les principes du droit romain, deux hypothèses sont à distinguer :

1º La vente a été faite sans terme, et l'acheteur n'a d'ailleurs donné à son vendeur aucune garantie particulière pour la sûreté de sa créance. Le vendeur conserve alors, jusqu'au payement, la propriété des objets vendus, alors même qu'il les a livrés ; il peut donc les revendiquer, même contre les tiers acquéreurs, à moins que ceux-ci ne puissent lui opposer une usucapion accomplie à leur profit.

2º La vente a été consentie à terme, ou la vente ayant été faite purement et simplement, le vendeur a reçu de son acheteur des sûretés pour la protection de ses intérêts ; et à cause de ces sûretés, il a bien voulu, quoique n'étant pas encore payé, se dessaisir de la chose vendue. Dans ce cas, la mutation est immédiatement réalisée, elle est définitive et irrévocable.

Toutefois, le vendeur peut, en introduisant expressément dans le contrat une clause appelée *lex commissoria*, stipuler qu'à défaut de paiement du prix, la chose livrée sera réputée n'avoir pas été achetée. Il peut encore introduire un *pactum dominii reservati*, consistant à stipuler que, jusqu'à l'entier paiement du prix, la possession de l'acheteur sera entachée de précarité (L. 20, *ff. de precario ;* L. 16, *ff. de periculo et commodo rei venditæ*).

Ainsi, sous l'empire de la législation romaine, pour que le vendeur non payé puisse conclure à la résolution du marché, il faut l'existence d'un pacte formel et exprès, soit la *lex commissoria*, soit le *pactum dominii reservati*.

La résolution tacite, ou de plein droit, ne paraît pas avoir été admise.

La jurisprudence des pays de droit écrit, dans notre ancienne France, demeura conforme à ces principes.

Mais, dans les pays de droit coutumier, les légistes, se plaçant à un point de vue beaucoup plus pratique, introduisirent la règle suivant laquelle, dans tout contrat synallagmatique et, par conséquent, dans la vente elle-même, il est tacitement entendu, pour le cas où l'une des parties n'exécuterait pas son obligation, que l'autre partie pourra demander la résolution du contrat.

Le Code civil consacre les mêmes principes dans les articles 1184 et 1654.

Quelle est la nature du droit de résolution accordé de plein droit par l'art. 1654 au vendeur non payé ?

Ce droit de résolution me paraît être tout à la fois réel et personnel. J'adopte entièrement, sur ce point, l'opinion de M. Marcadé sur l'art. 1656, § 5, t. VI, p. 297 à 299. Ce principe, une fois posé, entraîne des conséquences pratiques importantes, surtout au point de vue de la compétence des tribunaux. J'y reviendrai bientôt, lorsque j'aborderai la septième section de ce travail.

SECTION II

Dans quelles ventes l'action résolutoire est-elle accordée au vendeur en vertu de l'art. 1654 ?

7. Le droit de provoquer la résolution existe au profit du vendeur, dans les ventes de choses mobilières, comme dans les ventes d'immeubles. La généralité des art. 1184 et 1654 ne permet ici aucune distinction.

Mais que faut-il entendre par *prix*, dans le sens de l'art. 1654 ? Ce mot a ici un sens très-large : il se réfère à tout ce que l'acheteur doit débourser pour entrer en possession et jouissance du bien vendu ; il faut alors appliquer la définition de la loi romaine : *pretium rei sunt omnia impensa propter rem habendam et adquirendam.* Ainsi, sous cette expression de prix, rentrent à la fois, et le capital représentatif de la valeur du bien transmis, et les intérêts de ce capital, et les prestations accessoires, soit en nature, soit en argent, qui ont pu être convenues entre les parties.

Aucune difficulté ne peut dès lors être soulevée, toutes les fois que le prix consiste en une somme d'argent, une fois payée.

Bien plus, si au lieu d'un prix unique et définitif, les parties stipulent une rente perpétuelle ou constituée, l'art. 1654 reste toujours applicable; le vendeur non payé ne sera pas même obligé d'attendre l'expiration du terme de deux années, en vertu de l'art. 1912, n° 1; car ce dernier texte prévoit, non pas la résolution, mais le rachat de la rente : Comp. Bordeaux, 23 mars 1832 (Dev., 1833, 2, 57 et 58).

8. Mais que faut-il décider si le prix de vente consiste en une rente annuelle et viagère? La condition résolutoire sera-t-elle encore sous-entendue par application des art. 1184 et 1654? Je ne le pense pas, en présence de la disposition de l'art. 1978, ainsi conçu : « Le seul défaut de payement des arrérages de la rente n'autorise point celui, en faveur de qui elle est constituée, à demander le remboursement du capital, ou à rentrer dans le fonds par lui aliéné; il n'a que le droit de saisir et de faire vendre les biens de son débiteur, et de faire ordonner ou consentir, sur le produit de la vente, l'emploi d'une somme suffisante pour le service des arrérages. » Comp. art. 1977.

Mais je crois que si la condition résolutoire n'existe pas de plein droit, elle peut être valablement insérée dans le contrat, au moyen d'une clause expresse. Un arrêt de la Cour de cassation, du 23 août 1843 (Dev., 1843, 1, 892 à 896), fait remarquer, avec raison, que le pacte commissoire n'est contraire ni à l'essence du contrat de rente viagère, ni à l'ordre public, ni aux bonnes mœurs : il devrait donc recevoir son plein et entier effet.

Si le vendeur non payé peut demander en général la résolution dans toutes espèces de ventes, soit mobilières, soit immobilières, il a ce droit, quelque faible que soit d'ailleurs la portion du prix qui lui reste encore due, et son action procédera alors, non pas seulement pour une portion de la chose correspondante à la portion non payée du prix, mais pour la totalité. A ce point de vue, l'on peut dire que l'obligation imposée à l'acheteur de restituer la chose, faute de paiement du prix, est indivisible. Le tribunal peut seulement, aux termes de l'article 1655, accorder des délais modérés à l'acheteur, et surseoir à la condamnation, quand cet acheteur est notoirement solvable, et que par suite le vendeur n'éprouve aucun risque de perdre à la fois la chose et le prix.

9. Il faut enfin observer que la résolution ne peut plus avoir lieu dans les ventes mobilières, lorsque le meuble est

passé entre les mains d'un tiers-acquéreur de bonne foi, pro-
tégé par l'art. 2279, et par la maxime : « Qu'en fait de meubles, la possession vaut titre. » Comparez notre traité de la
Possession des meubles et des titres au porteur, nᵒˢ 58 et suivants.

SECTION III

*Comparaison de la clause résolutoire expresse ou convention-
nelle, et de la résolution tacite ou légale.*

10. Deux espèces de clauses résolutoires sont reconnues
par le Code civil : l'une tacite ou légale, posée en principe général pour tous les contrats synallagmatiques par l'art. 1184,
et reproduite spécialement pour la vente dans l'art. 1654 ;
l'autre expresse et conventionnelle, dont les effets sont réglés
par l'art. 1656.

11. Occupons-nous d'abord de la clause résolutoire légale
et tacite ; l'art 1655 est ainsi conçu : « La résolution de la
vente d'immeubles est prononcée de suite, si l'acheteur est
en danger de perdre la chose et le prix. —Si ce danger n'existe
pas, le juge peut accorder à l'acquéreur un délai plus ou moins
long, suivant les circonstances. — Ce délai passé, sans que
l'acquéreur ait payé, la résolution de la vente sera prononcée. »

Ce texte trace au juge ses devoirs d'une manière nette et
précise ; la clause résolutoire tacite n'entraîne pas de plein
droit la chute du contrat ; il faut que la résolution soit demandée en justice et prononcée par les tribunaux. Que doit
faire le juge après avoir vérifié la prétention du créancier ?
Il doit se déterminer d'après les circonstances, en conciliant,
autant que possible, les intérêts des deux parties. Si l'acheteur
est malheureux et de bonne foi, s'il a été réduit à l'inaccomplissement de ses obligations par des circonstances extrinsè-
ques, indépendantes de sa volonté, le juge peut, pourvu que
d'ailleurs le vendeur ne coure aucun risque de perdre la chose
et le prix, accorder des délais modérés pour le paiement. Mais
une fois ces délais expirés, la résolution est acquise au vendeur, et les tribunaux n'ont plus la faculté de concéder de
nouveaux sursis. Si le vendeur est, au contraire, en danger
de perdre à la fois la chose et son prix, ou si la conduite de

l'acheteur est suspecte, si, par exemple, des détériorations ont été commises, ou sont en train de se commettre, les juges devront prononcer une résolution immédiate.

Ces principes nous paraissent applicables, aussi bien dans les ventes de meubles que dans les ventes d'immeubles, nonobstant les termes de l'art. 1655, qui semblent, au premier abord, restrictifs. Il ne faut pas oublier, en effet, que notre art. 1655, n'est autre chose que l'expression de la règle générale posée, sans aucunes réserves, pour tous les contrats, par l'art. 1184. Comparez d'ailleurs, l'art. 1244, alinéa 2.

12. Nous passons maintenant à l'examen des effets de la clause résolutoire expresse ou conventionnelle : l'art. 1656 s'exprime de la manière suivante : « S'il a été stipulé, lors de la vente d'immeubles, que faute du paiement du prix dans le terme convenu, la vente serait résolue *de plein droit,* l'acquéreur peut néanmoins payer, après l'expiration de ce délai, tant qu'il n'a pas été mis en demeure par une sommation : mais, après cette sommation, le juge ne peut pas lui accorder de délai. » Ainsi, même en cas de clause résolutoire expresse, la résolution ne s'opère qu'après une sommation de payer restée sans effet, malgré la mise en demeure du débiteur; mais aussitôt cette sommation effectuée et non suivie d'un résultat immédiat, la vente est résolue, et l'acheteur ne pourrait plus désormais, en s'adressant à la justice, obtenir un délai de grâce. Le juge doit alors se borner à constater la résolution consommée en fait.

On a demandé, toutefois, si les parties contractantes ne pourraient pas, d'un commun accord, dûment manifesté, supprimer la nécessité de la sommation dont parle l'art. 1656. Nous n'hésitons pas à penser qu'une semblable suppression serait parfaitement possible, nonobstant l'avis contraire de M. Duranton, lequel exprime la crainte que des clauses de ce genre venant à se généraliser, les garanties accordées par la loi au débiteur, ne deviennent absolument illusoires.

Nous fondons notre solution d'abord sur l'art. 1139, lequel admet qu'un débiteur peut être constitué en demeure par l'effet de la convention, lorsqu'elle porte que, sans qu'il soit besoin d'acte et par la seule échéance du terme, le débiteur sera en demeure. Nous appuyons ensuite notre doctrine sur cette considération, que la convention dont il s'agit n'a rien de contraire à l'ordre public ni aux bonnes mœurs. Dès lors, il convient d'appliquer ici l'art. 1134, aux termes duquel les conventions légalement formées tiennent lieu de lois à ceux qui les ont faites. Quant à l'objection présentée par M. Duranton, elle constitue tout au plus une critique législative; mais elle n'est point un véritable argument en présence des textes et des principes, tels que nous venons de les préciser.

En dernière analyse, la résolution est encourue, au moment où le juge l'a prononcée ou constatée, après avoir, suivant les circonstances, accordé ou refusé des délais de grâce. Si toutefois, les parties se sont entendues pour que la résolution puisse s'opérer de plein droit, elle est encourue après la mise en demeure, laquelle peut résulter soit d'une sommation, soit même parfois du seul accord des volontés et de l'échéance du terme fixé.

SECTION IV

Qui peut intenter et contre qui peut être intentée l'action résolutoire établie par l'art. 1654?

13. Nous recherchons d'abord quelles sont les personnes qui ont qualité pour intenter l'action résolutoire. — Il faut placer en première ligne, le vendeur non payé; puis ses créanciers, par application de l'art. 1166; enfin ses héritiers ou ayants cause universels ou à titre universel. Tout le monde est d'accord sur ces différents points.

Mais il y a, au contraire, controverse en ce qui concerne le cessionnaire de la créance d'un vendeur, ou le tiers subrogé dans les droits d'un vendeur.

14. Le cessionnaire d'une créance de vendeur peut-il ou ne peut-il pas intenter l'action résolutoire de l'art. 1654?

M. Marcadé (sur l'art. 1692, n⁰ˢ 1 et 2) lui refuse ce droit, en s'appuyant sur les deux motifs suivants :

1° L'action résolutoire ne peut pas être regardée comme un accessoire de la créance du vendeur; car elle en est, au contraire, la négation la plus formelle, puisqu'elle implique la renonciation du créancier au droit de demander le prix ;

2° On ne peut pas facilement présumer que le vendeur ait entendu se dépouiller d'une garantie aussi sérieuse.

Telle n'est pas notre manière de voir: nous pensons, au contraire, que le cessionnaire d'une créance de vendeur peut intenter l'action résolutoire, en vertu du transport-cession dont il est titulaire, dans les termes des art. 1689 et suivants. Cette solution peut être appuyée à la fois sur les textes et sur les principes :

1° D'abord sur les textes : aux termes de l'art. 2112, les cessionnaires exercent tous, les mêmes droits que les cédants, en leur lieu et place : or, dans l'espèce , le vendeur qui a cédé sa créance, pouvait intenter l'action résolutoire de l'art. 1654 ; donc cette faculté appartient également aux cessionnaires ;

2° Au point de vue des principes, l'action résolutoire de l'art. 1654 est bien un accessoire de la créance du vendeur, en ce sens, du moins, qu'elle constitue le moyen le plus efficace (quoiqu'il soit indirect) de contraindre le débiteur à exécuter ses engagements. L'acheteur, en effet, lorsqu'il pourra craindre de se voir enlever ainsi le bénéfice de l'opération qu'il a conclue et les éventualités de plus-value future, se hâtera certainement de payer son prix, pour éviter la déchéance. D'ailleurs l'objection des adversaires de notre théorie ne saurait prévaloir, si l'on se réfère aux analogies juridiques ; l'action en dommages-intérêts pour inaccomplissement d'une obligation, ne tend certes pas, elle non plus, à faire exécuter le contrat, puisqu'elle suppose une situation toute contraire ; or, cependant, les auteurs s'accordent généralement à reconnaître que cette action constitue un accessoire de la créance, susceptible dès lors, en cas de cession, de profiter au cessionnaire ; car le cédant a évidemment entendu aliéner son droit tout entier, avec toutes les garanties complémentaires de ce droit, hypothèques, priviléges, cautionnements réels ou personnels, en y ajoutant même la contrainte par corps, du moins avant la loi du 22 juillet 1867. Pourquoi dès lors le vendeur serait-il censé retenir l'action résolutoire ?

15. Par les mêmes motifs, nous pensons que le créancier simplement *subrogé* aux droits d'un vendeur serait fondé à

exercer l'action résolutoire de l'art. 1654. Nous pouvons de plus invoquer ici les termes absolus des art. 1249 et 1250 ; la subrogation a lieu dans les droits, actions, priviléges et hypothèques de l'ancien créancier; ces expressions sont générales : la loi donne au subrogé, par l'effet du paiement, tous les droits et actions résultant du contrat primitif, et, par conséquent, l'action résolutoire elle-même (En ce sens, Paris, 30 juillet 1853, Sir., 1853, 1,481).

16. Nous allons rechercher maintenant *contre quelles personnes* l'action résolutoire de l'art. 1654 peut être utilement intentée. — Cette action peut être dirigée contre l'acquéreur, contre ses héritiers ou ayants cause universels ou à titre universel, et, en général, contre tous ceux qui auraient acquis des droits réels ou personnels sur la chose vendue.

17. Seulement, on a soulevé la question de savoir si l'action résolutoire est ou n'est pas divisible, soit activement, soit passivement. La question ne peut pas être soulevée entre le vendeur et l'acheteur; il est évident qu'à ce point de vue l'action est indivisible, par application de l'art. 1220, d'après lequel l'obligation, même susceptible de division, doit être exécutée entre le créancier et le débiteur, comme si elle était indivisible. La divisibilité n'a d'application qu'à l'égard des héritiers des parties (Comp., M. Troplong, *Vente*, t. II, n°ˢ 638 à 642.)

Supposons d'abord, en nous plaçant au point de vue actif, que le vendeur soit mort en laissant plusieurs héritiers ou représentants. Un vendeur, par exemple, meurt laissant quatre enfants : il lui est dû 100,000 francs. Ce prix n'étant pas payé, l'action résolutoire de l'art. 1654 est nécessairement ouverte. Il s'agit de savoir si l'un des héritiers peut demander, d'une manière divisible et pour sa part et portion seulement, la résolution de la vente consentie, et la restitution de l'immeuble.

Une première doctrine fort accréditée adopte l'affirmative. Pourquoi, dit-on, l'action résolutoire est-elle intentée? Parce qu'une somme d'argent due pour cause de vente n'a pas été payée : or, toutes les dettes de sommes d'argent sont essentiellement divisibles : donc, la résolution de la vente peut être demandée pour partie; et si cette action triomphe, l'héritier du vendeur, par le succès de son action, se trouvera dans l'indivision avec le tiers acquéreur.

La solution serait la même, si l'on se plaçait au point de vue passif, et si l'on supposait l'acheteur mort en laissant plusieurs héritiers ou représentants (Comparez, Paris, 12 février 1844, Dev., 1844, 2,115).

Cette solution ne nous paraît pas admissible, et nous pensons, au contraire, que l'action résolutoire de l'art. 1654 est indivisible, soit au point de vue actif, soit au point de vue passif. De là nous tirerons les deux conséquences suivantes :

1° *Activement*, l'acheteur peut exiger que tous les représentants du vendeur décédé soient mis en cause pour se concerter sur la reprise de l'héritage entier ; réciproquement, au point de vue *passif*, le vendeur devra mettre en cause tous les représentants de son débiteur, le tiers acquéreur décédé, et faire prononcer contre tous la résolution de la vente. Trois motifs surtout nous déterminent en ce sens :

1° Nous invoquerons par analogie les articles 1670 et 1685, qui traitent de l'anéantissement de la vente, soit par suite de la condition résolutoire naissant du réméré, soit par suite de la rescision pour cause de lésion ;

2° Quant aux principes, d'après les articles 1217 et 1221, n° 5, pour savoir si une obligation est ou n'est pas divisible, il faut considérer, si elle peut, dans son exécution, subir une division, soit matérielle, soit intellectuelle, ou bien, si au contraire, il ne résulte pas de la nature de l'engagement ou de la fin qu'on s'est proposée dans le contrat, qu'une obligation divisible par elle-même doive être exécutée comme si elle était indivisible. Or, quel est le but direct de l'action résolutoire? C'est de faire prononcer l'anéantissement de la vente ; eh bien ! si l'on consulte l'intention des contractants, il nous paraît clair que la vente ne peut pas être à la fois résolue pour une partie, et exécutée pour l'autre; la vente ainsi considérée est une et indivisible ; elle existe ou elle n'existe pas. Il n'y a pas de milieu entre les deux solutions; sans doute, le prix à payer consistant en une somme d'argent, est parfaitement divisible; sans doute l'objet vendu peut lui-même être susceptible de division; mais l'action résolutoire, qui, elle, s'attaque au contrat, et tend à le détruire, doit être intégrale, sous peine de fausser l'intention des parties, et de créer les résultats pratiques les plus singuliers.

3° Le système que nous combattons, admet que par suite de l'exercice partiel de l'action résolutoire, l'héritier, auteur de l'action, pourra, en présence de l'abstention de ses cohéritiers, se trouver dans l'indivision avec le tiers acquéreur ou le représentant de celui-ci. Mais est-ce qu'un pareil résultat n'est pas contraire à la fois, à l'intérêt bien entendu des parties, comme à l'intérêt social, qui se réunissent pour exiger la libre circulation des biens, et la bonne exploitation des terres? — Est-ce que cet état d'indivision ne va pas donner ouverture à une action en partage, aux termes de l'art. 815? De semblables circuits d'actions ne sont pas dans l'esprit du Code civil, et dans le doute nous croyons de tout point préférable la doctrine que nous proposons.

SECTION V

Quelles fins de non-recevoir peut-on opposer à l'action résolutoire, en vertu du Code civil?

18. Ces fins de non-recevoir peuvent être ramenées aux trois suivantes :

1° La renonciation expresse ou tacite consentie par le vendeur;

2° La prescription trentenaire, aux termes de l'art. 2262;

3° Il faut ajouter, en vertu de l'art. 7 de la loi du 23 mars 1855, l'extinction, par quelque cause que ce soit, du privilége du vendeur. Ce dernier point formera l'objet d'un examen spécial, sous la section huitième de ce travail.

19. D'abord, la renonciation expresse ou tacite du vendeur peut rendre désormais inopposable l'action résolutoire. Le vendeur peut consentir la renonciation expresse, soit avant l'accomplissement, en fait, de la condition donnant ouverture à la résolution, soit même après l'intervention du juge, ou la réalisation de plein droit de la condition résolutoire. Quant à la résolution tacite, les tribunaux jouissent naturellement d'un pouvoir discrétionnaire d'appréciation, pour

décider si les faits allégués sont ou ne sont pas démonstratifs.

Seulement ici, on *agite* dans la doctrine la *question de savoir, si le vendeur qui a formé contre l'acheteur une demande à fin d'exécution de ses obligations, doit être considéré comme ayant renoncé tacitement à l'exercice ultérieur de l'action résolutoire.* Nous pensons avec **M. Marcadé** (*sur l'art.* 1656, n° 3) que l'exercice de l'une des deux actions ne saurait entraîner aujourd'hui, contre le vendeur, aucune présomption de renonciation à l'autre. Nous n'appliquerons pas ici la maxime « *Electâ unâ viâ, non datur regressus ad alteram* ». Tout au contraire, l'action en paiement, sous l'empire du Code civil, ouvre la voie à l'action résolutoire, loin de l'éteindre ; elle en est le préliminaire habituel, et toutes deux, si elles ne supposent pas des conclusions identiques, tendent, du moins, à assurer le même résultat final : elles constituent toutes deux une provocation adressée à l'acheteur, afin de l'amener, par des moyens tantôt directs et tantôt indirects, au paiement du prix de vente et à l'exécution de ses obligations.

En laissant même de côté les dispositions des art. 1654, 1655 et 1656, nous pouvons toujours invoquer, en faveur de notre solution, *la règle générale de l'art.* 1184.

20. Mais la prescription de trente ans (art. 2262) peut faire perdre au vendeur, dans ses rapports avec l'acheteur, le droit d'invoquer le pacte résolutoire conventionnel.

Quant au point de départ de cette prescription libératoire, ce sera tantôt le jour fixé pour le paiement, si ce paiement devait être effectué en une seule fois, tantôt le jour du dernier solde complémentaire, si le prix avait été stipulé payable par fractions. Bien entendu, dans les deux hypothèses, la prescription ne pourrait courir, en vertu des art. 2244 et suivants du Code civil, que du jour de la citation ou de la sommation, si, en fait, une interpellation, interruptive de la prescription, avait été adressée au débiteur du prix de vente.

Nous devons, toutefois, faire ici une triple observation :

A. Dans les ventes de meubles relevant de l'application de l'art. 2279, l'action résolutoire du vendeur originaire serait arrêtée, en tant qu'elle aboutirait à imposer la restitution de la chose à un tiers acquéreur de bonne foi, titulaire d'une aliénation en sous-ordre; c'est ici une application de la célèbre maxime : « Qu'en fait de meubles, la possession vaut titre » (art. 2279, al. 1).

B. Il est encore évident qu'il n'y aura pas lieu à la résolution de la vente, toutes les fois que le non-paiement proviendra du fait ou de la faute du créancier, qui, par exemple, aurait refusé de remplir ses obligations de garantie ou autres. De même encore, le tiers acquéreur ne pourrait point être soumis à l'application de l'art. 1654, s'il n'avait refusé de payer, qu'à raison d'une saisie-arrêt formée entre ses mains sur le prix de vente, à la requête des créanciers de l'aliénateur.

C. Il pourra aussi arriver quelquefois que l'acheteur soit déclaré par le tribunal, excusable de n'avoir pas versé son prix au terme fixé, par exemple, si la survenance d'un cas fortuit ou d'un accident de force majeure insurmontable est victorieusement démontrée.

SECTION VI

Quels sont les effets de la résolution accomplie et prononcée ?

21. Nous n'aurons point à distinguer ici entre la clause résolutoire expresse ou conventionnelle, et la résolution tacite ou légale des art. 1184 et 1654. Les effets sont les mêmes dans les deux cas. Par suite de la résolution accomplie et prononcée, le vendeur est réputé ne s'être jamais dessaisi de son immeuble ou de son meuble, et l'acheteur est réputé n'en être jamais devenu propriétaire.

Dès lors, l'acheteur, succombant dans l'action résolutoire, devra restituer les corps certains, les capitaux, ou l'équivalent des genres qu'il aurait reçus.

Il doit aussi restituer les accessoires de la chose transmise, et à ce point de vue, il y a différentes questions importantes à examiner.

22. Dans quelle mesure, d'abord, l'acheteur sera-t-il comptable des fruits, soit naturels, soit industriels, soit civils?

— Aucun embarras ne saurait s'élever, en ce qui concerne les fruits échus ou perçus depuis la demande en résolution : tous doivent être également restitués.

Mais que décider quant aux fruits échus ou perçus antérieurement à la demande en résolution? — Nous inclinons à penser que l'acheteur doit encore les restituer. Sans doute, l'art. 1682, dans le cas de rescision pour cause de lésion, n'oblige l'acheteur à restituer les fruits que du jour de la demande, et la plupart des auteurs s'accordent à étendre cette disposition à l'hypothèse de l'exercice d'un réméré, dans les termes des art. 1659 et 1673. Mais nous ne voyons aucune analogie entre ces deux situations d'une part, et d'autre part l'hypothèse de la résolution de la vente en vertu de l'article 1654, pour défaut de paiement du prix. A quel titre, dans ce dernier cas, l'acheteur, atteint par l'accomplissement de la résolution, garderait-il les fruits échus ou perçus antérieurement à la demande? Est-ce en qualité de propriétaire? cela est impossible ; car, par suite de la résolution prononcée, il est réputé ne l'avoir jamais été : Comp. l'article 1183. — Pourrait-il se prétendre possesseur de bonne foi, et se placer à ce titre sous l'égide des art. 549 et 550? — Une telle prétention serait de tous points inadmissible : car si, d'un côté, il pouvait avoir l'espérance de rester, par suite du paiement de son prix, propriétaire définitif et incommutable de la chose à lui transmise, il savait, d'un autre côté, que son titre était résoluble et pouvait être brisé, en cas d'inexécution des engagements pris. Dès lors, cet acheteur ne peut pas dire que sa bonne foi ait été complète et doive être prise en considération par la loi.

23. Mais, du moins, celui qui subit ainsi les conséquences de la résolution de son titre, ne pourra-t-il pas invoquer la disposition de l'art. 2277, pour se dispenser de restituer les fruits au delà d'une période de cinq années? — Nous ne le pensons pas, et cela par les trois motifs suivants :

1º L'art. 1654 aboutit, dans ses conséquences dernières, à l'obligation pour l'acquéreur qui n'a pas payé son prix, de restituer la chose qui lui avait été transmise, *cum omni causâ*, c'est-à-dire avec tous ses accessoires directs ou indirects. Or, précisément, les fruits sont une dépendance de la chose ; donc, ils doivent être tous restitués avec l'immeuble lui-même, par application de la maxime : *accessorium sequitur sortem rei principalis*. 2° Les restitutions de fruits, mises à la charge de l'acheteur qui subit la restitution, sont payables en bloc; or, l'art. 2277 n'est écrit qu'en vue des fruits, arrérages ou revenus, qui sont payables par années ou à des termes périodiques plus courts; donc ce texte ne saurait être appliqué à notre hypothèse. 3° Les motifs du texte ne peuvent pas davantage être ici invoqués; le législateur, en édictant l'art. 2277, a voulu éviter qu'un créancier imprudent ne pût, par un crédit trop prolongé, ruiner un débiteur imprévoyant. Par suite, il a établi la présomption suivant laquelle, les arrérages ou intérêts, et plus généralement les revenus, sont réputés avoir été payés et reçus, lorsqu'on les réclame après plus de cinq années révolues depuis l'échéance; or, cette présomption n'est aucunement applicable dans l'hypothèse qui nous place en face d'un acheteur subissant la résolution de son contrat pour défaut de paiement du prix; à quel titre, en effet, antérieurement à la demande en résolution, le vendeur aurait-il été admis à réclamer les fruits à son acheteur? et comment dès lors devrait-il être logiquement atteint par une déchéance pour ne l'avoir pas fait? Concluons donc en disant qu'il ne peut y avoir place ici que pour la prescription ordinaire de trente ans, dans les termes de l'art. 2262.

Pothier (*Traité du contrat de vente*, n° 470) fait observer avec raison que les frais et loyaux coûts du contrat doivent demeurer à la charge de l'acheteur : car la résolution lui est imputable, puisqu'il en a fait naître la cause en ne payant pas son prix. De plus, si l'inexécution de la vente a causé un dommage appréciable au vendeur, l'acheteur pourra être condamné à des dommages-intérêts, proportionnels au préjudice causé, par application des art. 1150 et suivants.

De son côté, le vendeur devra restituer les à-compte qui lui auraient été payés sur le prix, avec les intérêts de ces sommes à dater du jour de l'encaissement; car d'une part, le droit en vertu duquel ces paiements partiels avaient pu être exigés, est désormais réputé n'avoir jamais existé. D'autre part, les fruits étant restitués au vendeur, il ne serait pas juste qu'il cumulât la jouissance du prix avec la jouissance de la chose, et qu'ainsi, il s'enrichît injustement aux dépens de l'acheteur.

24. Que convient-il de décider quant aux risques de la chose, en présence de la résolution prononcée? Les risques nous paraissent devoir passer alors à la charge du vendeur. Nous supposons, bien entendu, que la perte ou la détérioration résultent d'un cas de force majeure et ne sont aucunement imputables au fait ou à la faute de l'acquéreur.

25. Que devra rendre le crédi-rentier, au cas de résolution d'une vente consentie à charge de rente viagère, lorsque des arrérages auront déjà été, en fait, payés? Devra-t-il restituer les arrérages mêmes, ou seulement les intérêts légaux, calculés d'après le prix de la chose aliénée? ou bien, ne devra-t-il aucune restitution? — C'est là une question fort délicate. Il semble, en effet, que si l'on permet au créancier de retenir les arrérages qui peuvent s'élever à 15 ou 20 p. 100 de la valeur de la chose, on autorise les stipulations usuraires, et l'on se met ainsi en opposition avec la loi du 3 septembre 1807. Telle est cependant la solution que nous croyons devoir adopter. Que sont, en effet, les arrérages? Ils sont l'équivalent des risques courus par le créancier. Or, il a aliéné un capital qu'il est exposé chaque jour à perdre par un décès prématuré ; aussi longtemps que les arrérages ont été payés, le risque a été couru. Le débiteur n'est donc pas fondé à en demander la restitution. Il y a eu, de part et d'autre, une série de prestations successives, qui, ayant été exécutées, ne peuvent plus être mises en question : les autres, seules non exécutées, doivent entraîner la résolution (En ce sens, MM. Aubry et Rau, t, IV, § 390, texte et note 13). Dans le cas de résolution d'un contrat de vente, consenti moyennant le paiement annuel d'une rente viagère, les arrérages perçus par le crédi-rentier lui restent acquis en entier, quoiqu'ils excèdent le taux de l'intérêt légal : le crédi-rentier n'est nullement tenu de restituer la portion des arrérages excédant ce taux légal, nonobstant l'art. 1183 du Code civil. C'est ainsi que l'a jugé la cour de Dijon, le 22 janvier 1847 (Dev., 1848, 2, 206) : «Considérant, dit cette cour, que les arrérages d'une rente viagère représentent les bénéfices que le débiteur de la rente aurait pu faire par l'événement de la mort du créancier, et que les chances ayant existé pour lui, jusqu'au moment où la résolution est intervenue, il ne peut réclamer aucune restitution sur le prix desdits arrérages qu'il a payés.... »

Il est clair que le vendeur, après avoir exercé l'action résolutoire, devra recouvrer la chose franche et libre de tous les droits réels, et plus généralement de toutes les charges quelconques, telles que servitudes, antichrèses, hypothèques, etc., venant du chef de l'acheteur. Mais, en même temps, nous pensons que les baux consentis par l'acheteur, et les actes d'administration par lui régulièrement passés, devraient être maintenus. Comparez, par analogie, l'art. 1673 *in fine*.

26. Le règlement des impenses faites par l'acheteur doit aussi attirer notre attention : l'on distingue en droit commun quatre espèces d'impenses : les impenses nécessaires, les impenses utiles, les impenses voluptuaires et enfin les impenses de simple entretien.

Quant aux impenses *nécessaires*, c'est-à-dire indispensables pour la conservation de la chose, le vendeur devra certainement les rembourser intégralement à l'acheteur qui les aurait faites; car, sans elles, l'immeuble eût vraisemblablement péri.

Quant aux impenses *utiles* ou de simple amélioration, le remboursement en sera dû, mais uniquement jusqu'à concurrence de la plus-value qu'elles auront procurée au bien vendu; l'appréciation de cette plus-value rentre d'ailleurs dans le pouvoir discrétionnaire des tribunaux. Ceux-ci devront écarter toutes les dépenses excessives; car, il faut éviter qu'en multipliant sans mesure les dépenses d'amélioration, l'acheteur n'arrive indirectement à paralyser l'exercice du droit de résolution entre les mains du vendeur. Comparez l'art. 555.

Les impenses *voluptuaires* sont les impenses de luxe ou de pur agrément : leur nature même indique qu'elles ne peuvent donner lieu à aucune indemnité ; l'acheteur pourra seulement, par application des principes du droit commun, emporter tout ce qu'il pourra enlever sans détériorer la chose, et à la charge de rétablir les lieux dans leur premier état. Comparez l'art. 599 *in fine*.

Les impenses d'*entretien* sont les dépenses courantes qui ont pour but de maintenir les biens en bon état de réparations.

Le droit commun n'admet aucune indemnité pour ces sortes d'impenses, parce qu'elles sont considérées comme une charge normale des fruits et des revenus.

Nous avons dit précédemment que, même dans les ventes de meubles, le vendeur peut quelquefois, à la suite de la résolution du contrat, reprendre la chose entre les mains du tiers détenteur, nonobstant l'art. 2279, si, par exemple, le tiers a acquis la chose de mauvaise foi, lors de l'aliénation en sous-ordre. Il se peut également que l'objet vendu soit de telle nature, qu'il ne relève pas de l'application de la maxime : « Qu'en fait de meubles, la possession vaut titre » : il s'agit, par exemple, de la vente d'une créance ; dans ce cas, contre qui devra être dirigée l'action en résolution ? La marche la plus rationnelle est évidemment d'attaquer tout d'abord l'acquéreur primitif et d'appeler en cause l'acheteur en sous-ordre. Si, en effet, le vendeur s'adressait au premier seulement, le jugement resterait sans effet à l'égard du second : car, il serait pour lui, *res inter alios acta*. Mais nous demandons si le vendeur pourrait s'adresser directement au sous-acquéreur sans mettre en cause l'acheteur primitif. Un arrêt de la cour de Paris du 12 février 1844 (Dev., 1844, 2,115 à 119), s'est prononcé pour l'affirmative, dans les termes suivants : « En ce qui touche la fin de non-recevoir tirée de ce que la demande aurait dû d'abord être dirigée contre le vendeur originaire : attendu que l'action en résolution est tout à la fois personnelle et réelle ; que le caractère essentiel et distinctif de l'action réelle est de s'attacher d'abord à la chose, de la suivre partout et dans quelques mains qu'elle se trouve ; que, comme l'action revendicatoire, l'action en résolution doit nécessairement atteindre le détenteur de l'immeuble, parce qu'il a un intérêt direct à protéger et à défendre sa possession et sa propriété ; que, s'il est vrai que le tiers acquéreur peut être intéressé à ce que son vendeur soit mis en cause, c'est à lui seul qu'il appartient d'apprécier l'avantage et l'utilité qu'il peut retirer de cette mise en cause, mais qu'on ne saurait imposer au demandeur exerçant une demande résolutoire pour défaut de paiement, la nécessité de subir les évolutions d'une procédure lente, compliquée et dispendieuse, et d'aggraver ainsi sa position parce qu'il a plu à son acquéreur de revendre avant de satisfaire à ses obligations, et au tiers détenteur, d'acquérir sans s'assurer que son vendeur avait acquitté son prix.... »

Nous ne pensons pas, au contraire, qu'une semblable solution soit légale ; à notre avis, le vendeur d'un immeuble qui demande la résolution de la vente pour défaut de paiement du prix, ne peut pas diriger directement sa demande contre le tiers acquéreur en sous-ordre, en omettant de mettre en cause l'acheteur immédiat : en effet, ce vendeur ne peut évidemment revendiquer le bien vendu entre les mains de l'acquéreur en sous-ordre, qu'en invoquant le titre de propriétaire ; or, ce titre ne lui appartient pas, tant que la vente originaire n'a pas été préalablement résolue (Voir, en ce sens, M. Troplong, *Vente*, t. II, n° 634 ; MM. Aubry et Rau, t. IV, § 356, note 38 ; M. Demolombe, t. XXV, n° 521).

SECTION VII

Devant quel tribunal doit être portée l'action en résolution, et par quel laps de temps est-elle susceptible de se prescrire ?

27. Nous avons dit précédemment que l'action en résolution est toujours nécessairement mixte, lorsqu'elle est dirigée contre l'acheteur encore en possession du bien, qu'elle devient purement personnelle quand l'acheteur ne possède plus, enfin, qu'elle est réelle, lorsqu'elle s'adresse à un tiers détenteur.

Ces principes une fois posés, il devient très-facile de fixer la compétence, en présence des termes de l'art. 59 du Code de procédure civile ? Nous dirons donc avec M. Marcadé (sur l'art. 1656, n° 5) : « Quand le vendeur s'adresse à l'acheteur encore débiteur de la chose, l'action peut, comme action mixte, être portée soit au tribunal du domicile du défendeur, soit au tribunal de la situation du bien. Elle doit l'être au tribunal du domicile de l'acheteur, comme action personnelle, quand il ne poursuit contre lui que la résolution du contrat, sans la revendication du bien, ce bien n'étant plus aux mains de celui-ci. Elle doit l'être enfin au tribunal de la situation des lieux, comme action réelle, quand il attaque séparément le sous-acquéreur. Si dans ce cas de rétrocession, l'acheteur et le tiers étaient compris, tous les deux, dans une même instance, le vendeur pourrait encore, à raison de la connexité des deux demandes personnelle et réelle, saisir à son choix, l'un ou l'autre des deux tribunaux. »

28. Il nous reste à étudier la question de la prescription. Nous pensons que le droit de demander la résolution de la vente, soit d'une chose mobilière, soit d'un immeuble, se prescrit par trente ans (art. 2262) contre l'acheteur resté en possession de la chose vendue. Mais s'il survient une aliénation en sous-ordre, consentie par le premier acheteur, le droit de résolution du vendeur originaire s'éteindra à l'encontre du second acquéreur, s'il est de bonne foi, immédiatement et par le fait même de la livraison, lorsqu'il s'agira d'une chose mobilière relevant de l'application de l'art. 2279, al. 1, et par la prescription de dix et vingt ans, aux termes de l'art. 2265, lorsqu'il s'agira de la transmission d'un immeuble (Voir, en ce sens, Riom, 23 décembre 1845, D. P., 1846, 2,105 et M. Marcadé, sur l'art. 1656, § 5 *in fine*).

SECTION VIII

Quelles sont les innovations apportées aux principes qui régissent l'action résolutoire, postérieurement au Code civil, et en particulier par la loi du 23 mars 1855, sur la transcription?

29. L'action en résolution peut être envisagée sous un double aspect : comme action *personnelle,* du vendeur à l'acheteur, elle est équitable et elle répond à la nature des conventions synallagmatiques (art. 1184). Comme action *réelle,* par cela même qu'elle réfléchit contre les tiers, elle est à la fois fort dure et fort rigoureuse.

Elle était très-dangereuse surtout sous le Code civil primitif : car, d'un côté, le Code civil admet la publicité du privilége (art. 2103, n° 1, et 2108), et de l'autre, la résolution est clandestine (art. 1654 et suiv.).

De là résultaient des inconvénients énormes; ainsi, l'action en résolution restait intacte, quoique les formalités de la purge eussent été accomplies (art. 2181); elle restait encore intacte, après que l'adjudication avait été faite, et après la clôture même de l'ordre.

Après dix, vingt et parfois même trente ans, un tiers détenteur qui était devenu acquéreur, même par la plus solennelle des ventes, et qui était débarrassé de toute crainte du côté du privilége, pouvait se trouver tout à coup dépouillé par l'exercice d'une action en résolution, jusqu'alors restée inconnue ; il ignorait que le prix originaire n'eût pas été payé. Dès lors, il devenait impossible de spéculer sur des terrains ; il se produisait dans le crédit la plus regrettable perturbation, et les réclamations devinrent universelles.

Dès 1804, les économistes signalèrent le vice de cet état de choses, et à différentes reprises, le législateur modifia sur ce point les principes du Code.

Une première réforme eut lieu en 1833, lors de la discussion de la loi du 7 juillet sur l'expropriation pour cause d'utilité publique, dont l'art. 18 de la loi du 3 mai 1841 emprunta plus tard les dispositions. Pour des raisons d'utilité publique, que l'on comprend facilement, on décida que les actions en résolution, en revendication, et toutes autres actions réelles, ne pourraient plus désormais arrêter l'expropriation, ni en empêcher l'effet. Le droit des réclamants devait être transporté sur le prix, et l'immeuble devait en rester affranchi. Cette solution est juste : les publications ont mis les vendeurs non payés dans la nécessité d'intervenir aux opérations ; et d'ailleurs, l'expropriation n'étant nullement dirigée contre la personne, mais seulement contre la chose, doit éteindre tous les droits de suite pour ne laisser subsister désormais que des droits de préférence.

La loi du 2 juin 1841 vint ensuite modifier les articles du Code de procédure relatifs à la saisie immobilière. On discuta vivement la proposition de restreindre la durée de l'action résolutoire, sous ce prétexte que le but que l'on poursuivait, n'était point de trancher une question de droit civil, mais seulement d'apporter des réformes dans la procédure. Sous l'empire de l'ancienne loi, disait-on, la crainte d'être plus tard évincés retenait les enchérisseurs, et les ventes se faisaient difficilement. Que l'acheteur amiable puisse être soumis à la résolution, il ne s'ensuit pas que l'adjudicataire sur saisie doive être exposé au même danger d'éviction. Le premier ne peut avoir à se plaindre de personne ; car il a eu toute facilité de vérifier les titres de propriété de son vendeur et de se faire présenter les quittances établissant le paiement du prix, pour se mettre ainsi à l'abri de tout péril. Il en est autrement de l'adjudicataire : il ne connaît pas le saisi, qui peut-être se cache, ou du moins reste étranger à la procédure de saisie ; le créancier poursuivant, qui dresse le cahier des charges, ne peut pas dire si le prix de toutes les ventes et reventes antérieures est encore dû, ni donner à l'adjudicataire tous les renseignements qu'il pourrait demander sur ce point.

Aux termes du nouvel article 717 du Code de procédure civile, le vendeur non payé ne pourra pas en principe, après l'adjudication, et au préjudice de l'adjudicataire, se prévaloir de son droit de résolution ; il devra former sa demande avant l'adjudication et la notifier au greffe du tribunal ; cette dernière précaution est nécessaire, pour que le poursuivant ne puisse pas dissimuler cette demande aux enchérisseurs, si elle lui était adressée à lui-même.

La procédure de saisie est aussitôt arrêtée ; mais, en même temps le tribunal impartit un délai dans lequel devra être prononcée la résolution de la vente, et le délai une fois expiré, l'adjudication est prononcée : le vendeur est alors déchu de son droit de suite, et il ne pourrait que pour des causes graves, obtenir du tribunal un second délai.

Il ne faudrait pas croire pourtant que les droits du vendeur soient sacrifiés ; une formalité établie par l'art. 692 du Code de procédure civile, modifié par la loi du 21 mai 1858, le préviendra suffisamment de la saisie poursuivie contre son débiteur ; si la vente est publiée, la saisie lui sera notifiée, aussi bien qu'à tous les autres créanciers inscrits. La notification devra lui être faite au domicile élu dans l'inscription. Mais s'il n'y a pas eu d'élection, la sommation sera adressée au domicile réel, pourvu toutefois que ce dernier domicile soit situé en France.

Le débiteur qui habite aux colonies ou à l'étranger doit avoir laissé, en France, un mandataire chargé de recevoir les notifications à lui adressées.

On a répété aussi plusieurs fois, dans le cours de la discussion, que le vendeur qui n'aurait pas inscrit son privilége ou transcrit la vente, serait déchu de son droit de résolution, en ce sens qu'il ne pourrait pas se plaindre dans le cas où il ne lui serait pas fait de notifications.

Le nouvel art. 838, modifié par la loi du 21 mai 1858, établit les mêmes règles pour l'adjudication prononcée à la suite d'une surenchère sur vente volontaire.

On fut donc amené à dire d'un commun accord, que l'action en résolution du vendeur ne pourrait, en aucun cas, survivre à l'adjudication : « Mais, dit M. Mourlon (*Traité de la Transcription*, t. II, p. 429, n° 762), après avoir proclamé la haute sagesse du principe, et, de mille façons, exalté son équité, sa logique et surtout sa fécondité, on s'attacha, par la plus singulière des anomalies, à le renfermer dans les plus étroites limites. Au lieu de le généraliser, on prit soin d'en restreindre l'application à quatre espèces d'adjudications savoir : 1° aux adjudications sur saisie (art. 692 et 717 Cod. proc.) ; 2° aux adjudications sur surenchère du dixième, après aliénation volontaire (art. 2185, 2187 Code civil ; art. 838 Cod. proc. nouv.) ; 3° aux adjudications sur délaissement (art. 2174 Code civil); 4° aux adjudications sur conversion de saisie, lorsque, avant la conversion, le vendeur a été appelé à la saisie, conformément à la prescription de l'art. 692. Le Code civil continua donc de régir, sans aucune altération, non-seulement les aliénations volontaires proprement dites, mais encore les ventes, qui, bien que faites à la barre d'un tribunal, ou en l'étude d'un notaire, après publication et aux enchères, sont assimilées aux aliénations volontaires ; telles sont, d'une part les aliénations proposées dans les hypothèses précédentes et réglées par les art. 983 et suivants, 988, 1001 (Cod. pr.), 1558 (C. civ.), et 572 (Code commerce) ; et d'autre part, celles qui ont lieu sur conversion de saisie, quand la conversion a eu lieu au début de la poursuite, c'est-à-dire avant les sommations prescrites par l'art. 962, ou même après, si le vendeur n'a pas reçu de sommation. La réforme fut ainsi, quant aux aliénations quotidiennes, abandonnée aux soins des novateurs de l'avenir. »

En 1849 et en 1850, divers projets furent soumis à l'Assemblée législative.

Le premier projet du gouvernement proposait la suppression de la résolution tacite, et, comme dans le Droit romain, conservait seulement la résolution expresse; d'après le projet, le conservateur devait la mentionner sur une inscription faite d'office.

On opposait cette objection : c'est que la clause dont il s'agit, allait devenir toute de style dans les contrats de vente, et, par conséquent, n'apporterait qu'un remède peu sérieux.

Le second projet fut celui de M. Pougeard. Il voulait que l'action résolutoire naissant soit d'une clause expresse, soit d'une clause tacite, ne pût jamais être exercée au préjudice des créanciers inscrits.

Mais, comme on objectait que l'admission de ce projet eût été l'anéantissement complet de l'action résolutoire, il fut abandonné comme excessif.

C'est alors que fut proposé l'*amendement* de M. Rouher, qui consistait à subordonner l'exercice de l'action résolutoire à l'existence du privilége du vendeur, de manière que cette action ne survécût jamais à l'extinction de ce privilége. Il y eut des discussions brillantes : l'histoire, la morale, la philosophie, l'économie politique, tout fut mis à contribution pour en étendre la sphère et porter le débat au plus haut degré de splendeur. Voici les paroles prononcées par M. Rouher en cette circonstance :

« Supprimer l'action résolutoire, quand il y a un tiers intéressé, c'est la supprimer presque d'une manière radicale; car tout mari, qui achètera une propriété, sera par là même exonéré de l'action résolutoire ; l'hypothèque légale de la femme frappera immédiatement l'immeuble acquis. L'action ne sera possible que contre les célibataires non comptables et non tuteurs.... L'action résolutoire n'est un danger que parce qu'elle s'exerce subrepticement, parce qu'elle intervient alors que le privilége est éteint, et qu'elle est pour ainsi dire supplétive du privilége, de la négligence, du défaut de précaution du vendeur; en la rendant publique, en rattachant son existence et sa viabilité à la viabilité et à l'existence même du privilége du vendeur, le danger disparaît ; quel que soit le mode par lequel le privilége s'éteindra, l'action résolutoire s'évanouira aussi; de sorte que la publicité du privilége lui-même constitue la publicité de l'action résolutoire, l'avertissement vis-à-vis des tiers. L'intérêt du vendeur, celui des tiers bien entendu, celui du crédit exigent le maintien de l'action résolutoire renfermée dans de sages limites. »

Bientôt arrivent les événements de 1852 : le développement des faits politiques préoccupant alors tous les esprits en France, la loi est ajournée jusqu'en 1855. Mais dans cet intervalle, les idées juridiques et économiques avaient fait leur chemin ; le projet primitif est repris, et l'amendement de M. Rouher passe dans l'art. 7 de la loi du 23 mars 1855 ainsi conçu : « L'action résolutoire établie par l'art. 1654 du Code civil, ne peut être exercée après l'extinction du privilége du vendeur, au préjudice des tiers qui ont acquis des droits sur l'immeuble du chef de l'acquéreur, et qui se sont conformés aux lois pour les conserver. »

30. Ainsi donc, aujourd'hui, quelle que soit la cause qui ait amené l'extinction du privilége, l'action résolutoire périt en même temps que lui, à l'égard des tiers qui ont acquis des droits réels. L'action résolutoire est, de tous points, rattachée au privilége, de sorte que la perte de l'un amène nécessairement la perte de l'autre.

Voilà pour les rapports du vendeur avec les tiers, titulaires de droits réels acquis du chef de l'acheteur.

Maintenant, par rapport à l'acheteur lui-même, nous pouvons remarquer que la position du vendeur n'a pas changé, et que les idées du Code civil restent encore en vigueur. Que le privilége soit éteint ou non, que l'action résolutoire ait été rendue publique ou ne l'ait pas été, le vendeur non payé aura toujours la faculté d'exercer cette action contre l'acquéreur et de reprendre son immeuble. Ce point ne saurait faire de difficulté, et il n'a jamais été contesté.

Au reste, pour bien saisir la portée de l'art. 7, nous allons préciser deux points :

1° A quelles résolutions s'applique l'art. 7 de la loi du 23 mars 1855, et quelles sont les conditions dont la réunion est nécessaire pour que l'action résolutoire puisse être aujourd'hui considérée comme éteinte ?

2° Que faut-il entendre par des tiers ayant acquis des droits sur l'immeuble vendu dans le sens de l'art. 7 de la loi du 23 mars 1855 ?

31. I. — *A quelles résolutions s'applique l'art. 7 de la loi du 23 mars 1855, et quelles sont les conditions dont la réunion*

est nécessaire pour que l'action résolutoire puisse être aujourd'hui considérée comme éteinte ?

Le texte de l'art. 7 s'applique aux actions en résolution qui ont trait à la vente et encore seulement aux actions en résolution pour défaut de paiement du prix, dont s'occupe l'art. 1654 du Code civil.

Pourtant on a soulevé quelques questions pratiques. On a demandé, par exemple, si l'art. 7 de la loi du 23 mars 1855 ne pourrait pas être appliqué à l'hypothèse de la résolution d'une donation avec charges, pour cause d'inexécution des conditions stipulées. La négative nous paraît certaine ; car l'art. 7 est de droit étroit. Il convient toutefois de faire ici une observation : « Si les charges qui accompagnent la donation, dit M. Mourlon (*Examen critique du commentaire de M. Troplong, sur les priviléges*), consistent dans l'obligation de payer une somme d'argent, dont le chiffre est égal ou à peu près égal à la valeur du bien qui a été donné, la convention n'est alors qu'une véritable vente déguisée sous l'apparence trompeuse d'une donation. Lors donc qu'une personne donne à une autre un immeuble de 40,000 francs, à la charge par le donataire de payer au nom et en l'acquit du donateur, 35,000 ou 40,000 francs aux créanciers de ce dernier, leur convention n'est rien autre chose qu'une vente proprement dite, avec délégation du prix aux créanciers du vendeur. » Dans ce cas l'action résolutoire devrait certainement être régie par l'art. 7 de la nouvelle loi.

En règle générale, la disposition de l'article 7 n'est pas applicable au contrat d'échange. La loi donne seulement au copermutant évincé une double action (art. 1184 et 1705), une action en dommages-intérêts et une action en répétition de la chose qu'il a donnée en contre-échange. Mais, dans le cas d'échange avec stipulation d'une soulte, nous inclinons à penser que l'art. 7 devient pleinement applicable au copermutant qui exercerait son action en résolution pour défaut de paiement de la soulte stipulée. Par suite, les créanciers hypothécaires qui auraient pris inscription sur l'immeuble donné par lui en échange, seraient fondés à le repousser, s'il avait omis de rendre publics son privilége et son action résolutoire, dans les formes et délais déterminés par la loi. Dans l'hypothèse qui nous occupe, en effet, la soulte constitue un véritable prix, et dès lors le contrat doit être assimilé à la vente dans ses conséquences pratiques. Voyez M. Dalloz (*Priviléges et hypothèques*, n° 429); comparez M. Mourlon (*Traité de la Transcription*, t. II, n°ˢ 829 à 832); M. Verdier, n° 606. ·

De tout ceci il résulte que l'on doit considérer comme régis par l'article 7 de la loi du 23 mars 1855, d'abord la vente, et ensuite, par identité de motifs, tous les contrats, qui, dans la réalité, constituent de vraies ventes, quand même les parties les auraient revêtus de dénominations différentes ou mêlés à d'autres contrats. Ainsi, par exemple, nous n'hésiterions pas à appliquer les principes nouveaux à la dation en paiement. Primus doit 100,000 francs à Secundus, et pour se libérer, il lui remet à titre de dation en paiement, un immeuble représentant une valeur de 150,000 francs; puis il stipule à son profit une soulte de 50,000 francs, représentative de l'excédant de la valeur de l'immeuble qu'il aliène, sur le montant réel de la dette; nous disons que l'action en résolution pour défaut de paiement de la soulte sera, dans l'espèce, subordonnée à la conservation du privilége du vendeur, qui garantit la créance de Primus (art. 1654 et 1656 combinés).

32. Nous arrivons ainsi à la question de savoir quelles sont les *conditions* dont la réunion est exigée, pour que l'action résolutoire puisse être aujourd'hui considérée comme éteinte. L'action résolutoire ne peut être considérée comme éteinte que dans le cas de concours des trois conditions suivantes :

1° L'extinction du privilége;

2° L'acquisition par un tiers, du chef de l'acheteur, d'un droit sur l'immeuble vendu ;

3° La conservation de ce droit, conformément à la loi du 23 mars 1855, par le tiers qui l'invoque.

Nous disons d'abord que l'action résolutoire disparaît aussitôt que le privilége du vendeur est éteint. Par conséquent le vendeur perd son action résolutoire, s'il n'inscrit pas son privilége (art. 2108 et art. 6 de la loi du 23 mars 1855), s'il omet de renouveler son privilége dans les dix ans qui suivent l'inscription d'office prise par le conservateur (art. 2154), si enfin, il en accorde imprudemment la mainlevée, la radiation ou la réduction (art. 2157 et suiv.). Ces différentes solutions, certaines d'ailleurs, reposent à la fois sur les exigences les mieux démontrées du crédit public et des intérêts privés:

elles sont d'ailleurs conformes à la justice, en ébranlant uniquement la situation personnelle des vendeurs qui n'ont pas rempli les formalités de publicité exigées par la loi, et qui se sont ainsi rendus coupables d'une faute ou d'une négligence grave. Il est impossible d'admettre qu'un tiers acquéreur reste exposé à se voir enlever l'immeuble qu'il a acheté, par suite de l'exercice d'une action résolutoire, qu'il n'aurait pu, en fait, ni arrêter, ni même prévoir, à raison de l'extinction ou de l'inexistence dûment constatée du privilége; *jura vigilantibus succurrunt.* Ainsi que le fait très-bien remarquer M. Mourlon (*Traité de la Transcription*, t. II, n° 794), le privilége peut exister seul, « l'extinction de l'action résolutoire le laisse entier; mais la réciproque n'est point vraie, l'action en résolution ne peut jamais survivre au privilége; quand il disparaît, elle disparaît nécessairement avec lui; sous ce rapport, les deux droits ont été solidarisés. »

On a demandé à ce propos, si depuis la loi du 23 mars 1855, l'on pourrait stipuler par une clause spéciale d'un contrat de vente, que l'immeuble vendu ne serait point affecté, par privilége, au paiement du prix, mais que l'action en résolution de l'art. 1654, recevrait néanmoins son application. Dans le sens de la négative, on a argumenté des termes généraux de l'art. 7 de la loi du 23 mars 1855 et l'on a invoqué l'esprit de cette loi, dont le but est d'affermir le crédit social et le crédit privé par une publicité complète, et par l'établissement d'une connexité sans réserves entre le privilége du vendeur et son action résolutoire.

Nous pensons, au contraire, qu'une semblable convention serait parfaitement valable:

1° L'art. 7 de la loi du 23 mars 1855 n'établit une étroite solidarité entre le privilége et l'action résolutoire du vendeur qu'au point de vue des causes de leur extinction. Quant à leur naissance, la loi nouvelle est muette; donc ils restent indépendants à ce point de vue;

2° Aux termes des art. 1134, 1184 et 1654 à 1656, l'introduction des clauses résolutoires expresses est licite et abandonnée au libre arbitre des parties contractantes;

3° Le crédit public et le crédit privé seront suffisamment sauvegardés, si l'on prend soin (ce que nous croyons indispensable) de remplir, à l'égard de l'action résolutoire, lors-

qu'elle existera seule à l'origine des choses, toutes les condi-
ions de publicité et d'inscription, exigées habituellement
pour le privilége et l'action résolutoire, lorsque ces deux
droits se produisent simultanément (*Secùs*, M. Verdier,
t. II, n° 615.

Non-seulement, pour que l'action résolutoire soit éteinte,
il faut que le privilége soit lui-même effacé, mais il faut que le
vendeur soit en face d'un tiers ayant acquis, du chef de
l'acquéreur, un droit sur l'immeuble, et ayant accompli
d'ailleurs toutes les formalités prescrites par la loi
pour la conservation de ce droit. Les art. 3 et 7 de la loi du
23 mars 1855 contiennent, sur ce point, une formule à peu
près identique. Nous aurons tout à l'heure à étudier le point
de savoir ce qu'il faut entendre par des tiers ayant acquis des
droits sur l'immeuble vendu, dans le sens de ces deux textes.

Mais, avant d'aborder cette question, il importe de résoudre la difficulté suivante, soulevée par M. Mourlon (*Traité de
la Transcription*, t. II, n°⁵ 812 à 822). Voici l'hypothèse : une
vente a eu lieu, mais elle n'a pas été transcrite. Aucune inscription n'a été prise du chef du vendeur. Les choses étant
dans cet état, l'acheteur est déclaré en faillite (ou bien encore, il meurt et sa succession est acceptée sous bénéfice
d'inventaire). Il s'agit de savoir quelle est la condition du
vendeur vis-à-vis de la masse. — Nous adoptons l'opinion
qui accorde, dans tous les cas, au vendeur l'exercice de l'action résolutoire vis-à-vis de la masse (Comp. M. Verdier, *Traité
de la Transcription*, n°⁵ 584 à 617).

33..II. — Que faut-il entendre par des tiers ayant acquis,
du chef de l'acquéreur, des droits sur l'immeuble vendu,
dans le sens de l'art. 7 de la loi du 23 mars 1855 ?

En rectifiant la formule un peu défectueuse des art. 3 et 7
de la loi du 23 mars 1855, on arrive à reconnaître que la
transcription éteint et arrête tous les droits des tiers, qui
n'ont pas été, avant cette époque, conservés conformément
aux lois. Mais quant aux droits dûment conservés, ils persé-
vèrent malgré l'aliénation de l'immeuble grevé et nonobstant
la transcription de l'acte de mutation. Les tiers sont donc
ceux qui, alors même que l'acte de mutation consenti par
leur débiteur serait régulièrement transcrit, verraient leurs
droits demeurer intacts, parce que ces droits avaient été an-

térieurement conservés pour valoir, non-seulement, comme le dit l'art. 3, jusqu'à la transcription, mais définitivement et pour toujours.

Il convient d'étudier le point de savoir quelles sont les qualités dont la réunion constitue des tiers, soit d'après le droit commun, soit au point de vue spécial de l'application de la loi du 23 mars 1855.

D'après les principes généraux d'abord, le tiers nous paraît devoir être défini, un ayant-cause qui a traité, ou dont le droit a été fixé, non pas seulement en considération du gage vague, général et indéterminé qui appartient, aux termes de l'art. 2092, à tout ayant-cause, sur les biens de son co-contractant, mais bien en considération d'un gage spécial qui lui a été officiellement délégué à l'occasion de son contrat. La qualité de tiers résulte donc du *Negotium gestum*, de l'affaire particulière qui a été engagée. Il importe de critiquer, à ce propos, une formule défectueuse que l'on rencontre souvent, soit dans les auteurs, soit dans les arrêts : « pour être tiers, dit-on, il faut avoir un droit réel. » La première condition dès lors constitutive de la qualité de tiers serait d'avoir un droit réel ; en effet, à côté du droit de propriété et de ses démembrements importants, il n'y a que deux sortes de gages, le gage personnel, général, vague et indéterminé, établi de plein droit par l'art. 2092, et le nantissement spécial résultant du contrat de gage, des priviléges et des hypothèques.

Nous considérons que cette formule contient une grave exagération : pour être tiers, en effet, aux termes du droit commun du moins, peu importe la nature du droit concédé. Nous croyons, que c'est à un tout autre point de vue qu'il convient de s'attacher, à savoir au but poursuivi et cherché par les contractants. Le droit créé, qu'il soit personnel ou réel, dérive toujours d'une opération déterminée ; or, dans cette opération, l'ayant-cause cherche à atteindre un but nettement arrêté : c'est ce but qui, suivant nous, peut engendrer la qualité de tiers.

Le contractant ne traite-t-il qu'en vue d'acquérir des droits sur le patrimoine général du débiteur, d'une manière vague et indéterminée, en conformité de l'article 2092 ? Il n'est pas un tiers ; il reste un simple ayant-cause soumis à toutes les éventualités bonnes ou mauvaises de l'avenir.

Le contractant a-t-il, au contraire, traité en vue d'une situation particulière et précise ? Il devient un tiers, quand même il ne serait investi que d'un droit purement personnel ; nous citerons, en matière de rapports, la disposition de l'art. 867 ; en matière de bail, le cas de l'art. 1743 ; et en matière de dépôt l'hypothèse prévue par l'art. 1948.

Mais il faut aller encore plus loin : celui-là même qui traite seulement en vue de la situation générale du débiteur, devient néanmoins un tiers, quand il s'agit pour lui de prouver quelle était la situation générale, exacte et positive, en vue de laquelle il a traité, et que la commune volonté des parties a librement acceptée ; nous citerons, comme exemples, en matière de contre-lettres, l'art. 1321 ; au point de vue des actes frauduleux, l'art. 1167 ; enfin, en ce qui concerne les donations, l'art. 941.—Comparez, sur ce dernier point, **M.** Demolombe (*Traité des Donations entre-vifs et des testaments*, t. III, n°s 300 à 302).

Comme on peut le voir, l'expression de tiers est singulièrement élastique, et elle a, suivant les cas, une portée plus ou moins compréhensive ; c'est même là ce qui fait la difficulté de l'étude de ce sujet sous l'empire du droit commun.

Nous allons maintenant rechercher quelles personnes doivent être regardées comme des tiers, au point de vue spécial de la transcription.

Trois conditions nous paraissent requises à ce dernier point de vue.

Pour être tiers, il faut :

1° Avoir un droit (1) sur l'immeuble et l'avoir régulièrement conservé ;

2° N'être pas tenu personnellement, en vertu de la vente, et n'être pas chargé, d'autre part, de faire opérer la transcription ;

3° Enfin, ne pas s'être rendu coupable de collusion, en telle sorte que l'on puisse être considéré comme responsable

---

(1) Ce droit sera habituellement un droit réel ; mais il pourra aussi être un droit personnel. Voyez, en effet, les art. 1, al. 2, et 2 n°s 4 à 5 de la loi du 23 mars 1855. On y trouve des droits personnels soumis à la transcription, par exemple, les cessions de fermages non échus.

du défaut de transcription (Comp. M. Mourlon, *Transcription*, t. II, n°s 439 et 440 : aj. n°s 809 et suiv. ; M. Verdier, n° 585).

Tout le monde s'accorde à reconnaître que l'acquéreur qui a transcrit peut repousser, comme ne lui étant pas opposable, toute autre vente non transcrite, quelle que soit d'ailleurs la date de cette dernière. La situation du créancier hypothécaire ou privilégié, qui a inscrit, est exactement la même aux termes des art. 3, 6 et 7 de la loi du 23 mars 1855.

Mais que convient-il de décider si l'on se trouve en présence de deux ventes qui n'ont, ni l'une ni l'autre, été transcrites ? Nous pensons qu'alors il faudra tenir compte de la date certaine de l'un ou de l'autre de ces titres, et, à défaut de date certaine, accorder la préférence au possesseur, par application de la règle : *in pari causâ, melior est causa possidentis.*

Telle est, en résumé, cette matière, si féconde en difficultés pratiques, de l'action résolutoire accordée, à titre de complément de garanties, au vendeur non payé. Le législateur, en soumettant à des règles communes de publicité, comme à des causes semblables d'extinction, le privilége du vendeur et l'action résolutoire, a su concilier à la fois l'intérêt des contractants, l'intérêt des tiers, et, par suite, le crédit public, lequel ne saurait être florissant qu'autant que le crédit privé trouve sa légitime et complète expansion.

Si deux ventes étaient présentées à la transcription le même jour, nous inclinons à penser qu'il conviendrait d'appliquer par analogie l'art. 2147. L'identité des motifs nous conduit à penser que les deux acheteurs seraient ainsi constitués dans l'indivision, à raison de la similitude du rang. Nous supposons d'ailleurs qu'aucune des deux ventes n'a date certaine, et qu'aucun des deux acheteurs n'a déjà été mis en possession réelle au moment de la transcription. L'on a, il est vrai, objecté contre cette solution la disposition de l'art. 2200, lequel ordonne aux conservateurs des hypothèques de tenir leurs registres des présentations d'actes, à la fois jour par jour et *par ordre numérique*, d'où l'on induit que cet ordre peut avoir une influence sur l'effet des droits transcrits. Mais nous répondrons que la disposition de l'art. 2200 a été édictée uniquement pour réglementer les rapports des déposants et du conservateur des hypothèques : elle n'a pas été édictée vis-à-vis des tiers. Il convient d'ailleurs de compter *de die ad diem* et non point *par heures,* afin que le conservateur ne puisse pas favoriser à son gré tel ou tel des déposants, qui se présenteraient le même jour à son bureau.

Il faut soigneusement se garder de confondre, avec l'action en résolution, dont s'occupe l'art. 7 de la loi du 23 mars 1855, l'action en restitution d'un immeuble donné en paiement d'une dette qui n'existait pas. C'est là, dit fort judicieusement M. Verdier, dans son traité de la *Transcription hypothécaire,* t. II, n° 609, une action particulière, une variété de la répétition de l'indû, *condictio indebiti,* qui n'a rien de commun avec l'action résolutoire : « Alors même qu'on pourrait trouver entre elles certains rapports, et qu'on voudrait les assimiler, on n'arriverait pas à l'application de l'art. 7; car, la créance éventuelle de celui qui a payé mal à propos, basée sur l'art. 1379 du Code civil, n'étant pas garantie par un privilége, parce qu'elle n'a pas pour objet le paiement d'un prix de vente, il s'en suit que les créanciers hypothécaires inscrits sur l'immeuble du chef de celui qui l'avait reçu indûment, ne pouvant exciper de l'extinction d'un privilége qui n'existait pas, ne sont pas fondés à s'opposer à la revendication, sous le prétexte qu'elle n'aurait pas été rendue publique. » De même il faudra décider, par suite de l'application des mêmes principes, que l'art. 7 ne serait pas applicable à l'action en revendication d'un immeuble dirigée contre un usurpateur par le véritable propriétaire.

Mais l'art. 7 de la loi du 23 mars 1855 s'appliquera certainement dans l'hypothèse suivante : *Primus* vend un immeuble à *Secundus* qui ne paie pas le prix : il n'y a pas de transcription, ni d'inscription pour publier la vente. *Secundus* revend à *Tertius* qui fait transcrire. Quel est l'effet de cette publicité? C'est de mettre *Tertius* à l'abri de tous les droits du chef de *Secundus,* non encore révélés et qui plus tard se feraient connaître. Parmi ces droits se trouvent notamment ceux du vendeur *Primus.* Toutefois le privilége n'ayant pas été rendu public, *Tertius* peut le méconnaître, sauf la réserve de l'art. 6 (si quarante-cinq jours ne se sont pas écoulés depuis la première vente). Le privilége étant perdu à l'égard de *Tertius,* le droit de résolution subira le même sort.

L'art. 4 de la même loi du 23 mars 1855 nous fournit une autre règle, qu'il convient également de signaler. Dans le délai d'un mois, à partir du jour où le jugement, qui prononce la résolution d'une aliénation, a acquis force exécutoire, ce jugement doit être mentionné en marge de la transcription de l'acte d'aliénation. La sanction de cette disposition est une amende de 100 fr. pour l'avoué qui aurait obtenu le jugement et aurait négligé de faire la mention prescrite. Le jugement n'en serait pas moins toujours opposable aux tiers qui pourraient ensuite contracter avec l'acheteur primitif.

Du principe que nous avons posé plus haut, n° 32, suivant lequel la publicité de l'art. 7 n'est exigée qu'au profit des tiers ayant acquis et dûment conservé des droits sur l'immeuble vendu, il résulte qu'en général les créanciers simplement chirographaires de l'acheteur ne pourront pas (en supposant que le privilége du vendeur soit éteint à leur égard) se prévaloir de l'art. 7 pour repousser l'action résolutoire. Le droit de gage vague, général et indéterminé, que leur confère l'art. 2092, n'est pas suffisant pour les investir d'une pareille prérogative.

Dans les ventes d'immeubles faites aux enchères et en justice, la législation offre aux divers intéressés, à défaut de paiement du prix, et à défaut d'exécution des autres charges de l'adjudication, une autre voie que celle de l'action résolutoire : nous voulons parler de la revente sur folle enchère : l'on procède alors à la revente de l'immeuble, qui va être adjugé à la folle enchère du premier adjudicataire, qui a été fol enchérisseur en ne remplissant pas les conditions de son acquisition. Une pareille revente substitue dans la propriété de l'immeuble un nouvel adjudicataire à l'ancien, en anéantissant la transmission opérée en première ligne. Toutefois, le contrat précédent n'est pas entièrement résolu : car l'ancien adjudicataire reste débiteur de la différence entre le prix de l'adjudication primitive et le prix de la revente sur folle enchère. Cela est si vrai que l'art. 779 du Code de procédure civile prend soin de déclarer que l'adjudication sur folle enchère intervenant dans le cours de l'ordre, et même après le règlement définitif et la délivrance des bordereaux, ne donne pas lieu à une nouvelle procédure. Le juge modifie l'état de collocation suivant les résultats de l'adjudication, et rend les bordereaux exécutoires contre le nouvel adjudicataire. Le législateur ne considère donc pas la revente sur folle enchère comme une nouvelle vente, anéantissant, à tous les points de vue, la première adjudication.

Nous rencontrons à ce propos une difficulté fort grave, à laquelle a donné naissance l'interprétation de l'art. 7 de la loi du 23 mars 1855. On a demandé si la disposition de ce texte devait être étendue au cas où le vendeur, ayant perdu son privilége après une vente publique volontaire, demande à poursuivre la revente sur folle enchère pour inexécution des clauses du cahier des charges. Deux systèmes sont en présence.

Le premier système consiste à soutenir qu'en effet la poursuite en folle enchère, lorsqu'elle est exercée par le vendeur de l'immeuble, est de tout point assimilable à une action résolutoire, et par suite soumise à l'application de l'art. 7 de la loi du 23 mars 1855. Cette doctrine a été consacrée par un jugement du tribunal civil de Dôle, rendu à la date du 3 juin 1857 (D. P., 1859, 2, 148), lequel invoque les motifs suivants : L'inexécution des clauses et conditions du cahier des charges équivaut, pour le vendeur, au défaut de paiement du prix : — la folle enchère ne diffère, quant à ses effets, de l'action résolutoire, qu'en ce sens qu'elle ne fait arriver dans les mains du vendeur que le prix de la dernière adjudication, au lieu d'y faire rentrer la propriété elle-même ; d'un autre côté, la loi du 23 mars 1855 n'établit aucune distinction ; le principe qu'elle proclame, à savoir que le tiers acquéreur sera à l'abri de l'action résolutoire du vendeur, lorsque celui-ci n'aura pas rendu public son droit à l'exercice de cette action, selon les formes établies par la loi, doit être appliqué à toutes les espèces de ventes, qu'il s'agisse, soit de ventes ayant dû être accompagnées de formalités judiciaires, soit de ventes qui n'y sont pas assujetties ; l'assimilation est complète entre la poursuite en folle enchère et l'action résolutoire. De là il suit que le vendeur, dont le privilége est éteint, ne pourra pas exercer la poursuite en folle enchère, et devra être repoussé, s'il émet cette prétention, de même qu'il le serait, s'il voulait intenter l'action résolutoire.

Cette théorie ne nous paraît point admissible, et nous préférons adopter le second système, consacré par deux arrêts, l'un de la Cour de Besançon, en date du 16 décembre 1857 (D. P., 59, 2, 148), l'autre de la Cour de Bordeaux, en date du 2 août 1860 (D. P., 61, 2, 66). Nous déciderons en conséquence que l'art. 7 de la loi du 23 mars 1855 n'est pas applicable au droit de poursuivre la revente sur folle enchère. Par suite, nous déclarerons le vendeur impayé, et plus généralement les créanciers chirographaires recevables, en vertu du cahier des charges, à poursuivre la folle enchère, à raison de l'inexécution des clauses de la première adjudication, alors même que l'immeuble aurait été revendu par le premier adjudicataire, et serait devenu la propriété d'un tiers acquéreur en sous-ordre, lequel aurait d'ailleurs fait transcrire son titre et rempli les formalités de la purge. Cette doctrine nous paraît seule conforme à la nature de la folle enchère, aux termes de l'art. 7, et à l'esprit de la loi du 23 mars 1855. Voyez, en ce sens, un jugement du tribunal civil de Grenoble, rendu à la date du 20 juillet 1858 (Sirey, 59, 2, 600 à 602) :

1° La poursuite en folle enchère, considérée dans sa nature, ne peut pas être assimilée à l'action résolutoire, dont elle diffère d'une manière essentielle, à la fois dans ses causes, dans son but et dans ses effets. La folle enchère peut être exercée, non-seulement comme l'action résolutoire, pour défaut de paiement du prix, mais encore pour inexécution des clauses et conditions du cahier des charges. Elle a pour but, non pas, comme l'action résolutoire, de faire résilier la vente pour faire rentrer la propriété entre les mains du vendeur, mais, au contraire, d'obtenir par une revente, le paiement du prix d'adjudication ou l'exécution des clauses. Cette revente résout bien l'adjudication primitive ; mais ce n'est pas dans l'intérêt exclusif du vendeur qui, en intentant cette poursuite, ne désire qu'être payé de son prix de vente. La folle enchère n'est qu'un accident de la poursuite en expropriation ou en surenchère ; la vente n'est, dans les deux cas, faite que sous la condition suspensive de l'acquittement des charges et conditions de l'adjudication ; or, si ces charges et conditions ne sont pas exécutées, la vente est censée n'avoir jamais existé, à la différence de l'action résolutoire, permise par l'art. 1654, qui ne peut concerner qu'une vente définitive, et qui s'exerce au profit du vendeur ;

2° L'art. 7 de la loi du 23 mars 1855, dans ses termes formels, ne peut pas être appliqué à la poursuite en folle enchère ; car il vise expressément et limitativement l'action résolutoire établie par l'art. 1654 du Code civil, et point autre chose ;

3° L'esprit de la loi du 23 mars 1855 repousse également toute assimilation : car l'art. 7 de cette loi constitue une déchéance rigoureuse, qui ne saurait être étendue à une procédure présentant des différences fondamentales avec l'action résolutoire. Il ne faut pas perdre de vue la maxime *odiosa restringenda, favores ampliandi*. Les déchéances sont de droit étroit, et elles doivent être restreintes dans les limites mêmes tracées par la loi. A tous ces points de vue, la poursuite en folle enchère échappe complétement à l'application de l'art. 7 de la loi du 23 mars 1855. Nous devons décider, en conséquence, que cette procédure peut être mise en mouvement non-seulement pour défaut de paiement du prix, mais encore pour inexécution des clauses de l'adjudication, et par toutes personnes intéressées : « Lors même, dit très-bien M. Verdier (*Traité de la Transcription hypothécaire*, t. II. n° 599), que le vendeur se trouverait dans une situation telle que l'art. 7 de la loi du 23 mars 1855 ne lui permettrait plus de se prévaloir de l'action résolutoire, il pourrait encore exercer la poursuite en folle enchère, comme tout créancier. » Ce résultat peut avoir des inconvénients pratiques sérieux : mais il s'impose impérieusement aux tribunaux, dans l'état actuel de nos lois.

Nous avons obtenu, en ce sens, à la date du 15 mai 1874, un arrêt de la Cour d'appel de Douai (2ᵉ chambre civ.), dans une affaire dont les détails peuvent être d'autant plus intéressants à connaître, que la Cour a généralisé l'application des principes que nous venons d'exposer. Cet arrêt, d'ailleurs, est encore inédit dans les grands recueils de jurisprudence. Il a été seulement inséré dans le Recueil spécial de la Cour d'appel de Douai, année 1874, t. XXXII, p. 212 à 227.

Le 4 juin 1872, Mᵉ Desenfant, notaire à Gommegnies, commis par la justice, dressait un procès-verbal d'adjudication, sur les poursuites en licitation dirigées par M. Wibaille, menuisier à Jeulain, contre diverses personnes, ses copropriétaires. L'on procédait à la licitation de la nue propriété

d'une maison sise à Jeulain, M. Félix Wibaille, le poursuivant, ayant l'usufruit de cette maison, sa vie durant, en vertu de
l'une des clauses de son contrat de mariage. Sur cette licitation, M. Félix Wibaille, le poursuivant, déjà usufruitier, se
rendit lui-même adjudicataire de la nue propriété, moyennant le prix principal de 5,625 fr., plus les frais, s'élevant en
tout (ceux avant et ceux après la vente) à 833 francs.

Le cahier des charges contenait surtout trois articles indispensables à connaître pour l'intelligence du procès : D'abord
l'article sixième : « Frais de poursuite et remise de l'avoué :
— L'adjudicataire devra payer, en sus de son prix d'adjudication, et dans la huitaine du jour où elle aura été prononcée,
à Mᵉ Chevreux, avoué, les frais de poursuite et de vente,
d'après la taxe qui en aura été faite ; le montant de ces frais
sera annoncé publiquement lors de l'ouverture des enchères.
Et attendu qu'il n'y a pas eu d'expertise, l'adjudicataire devra,
en outre, et dans le même délai, payer audit Mᵉ Chevreux,
avoué, la différence entre la remise proportionnelle due au
notaire soussigné, en vertu de l'art. 14 de l'ordonnance du
10 octobre 1841, et celle accordée aux avoués par l'art. 11 de
la même ordonnance, pour le cas où l'expertise étant facul-
tative, le tribunal ne l'aura pas ordonnée. » Ensuite l'article
septième : « Frais et honoraires de Mᵉ Desenfant notaire : —
L'adjudicataire paiera en sus de son prix audit Mᵉ Desenfant,
notaire, savoir : à l'instant de l'adjudication, ou le lendemain
avant midi, les timbres des minutes, grosse et expédition,
ainsi que les droits d'enregistrement, auxquels les procès-
verbaux de la mutation pourront donner ouverture. Et dans
la huitaine de l'adjudication : 1° les honoraires, etc., etc. »
Enfin l'article douzième : « *Folle enchère :* — Faute par l'adjudicataire de satisfaire en tout ou en partie aux obligations
qui lui sont imposées par les art. 6 et 7 ci-dessus, *soit de payer
tout ou partie de son prix, soit enfin d'exécuter les charges et
conditions de l'adjudication,* LES VENDEURS *ou leurs créanciers*
pourront faire vendre le bien dont il s'agit par folle enchère
et dans la forme prescrite par la loi. — Le fol enchérisseur
sera tenu de la différence entre son prix et celui de la revente sur folle enchère, sans pouvoir réclamer l'excédant, s'il
y en a : cet excédant sera payé aux vendeurs *ou à leurs créanciers.* — En aucun cas, le fol enchérisseur ne pourra répéter,

soit du nouvel adjudicataire, soit des vendeurs, les frais compris dans les art. 6 et 7 ci-dessus qu'il aurait payés. L'adjudicataire sur folle enchère devra les intérêts de son prix, du jour où le fol enchérisseur en sera tenu, sauf à lui à poursuivre, à ses risques et périls, le recouvrement des fruits et revenus à compter de la même époque. »

Le 28 novembre 1872, M. Wibaille, anciennement usufruitier de la maison, et devenu adjudicataire de la nue propriété, revendait la pleine propriété de cet immeuble à M⁰ Lustrement, notaire à Jeulain, moyennant le prix principal de 7,000 francs.

Le 30 novembre 1872, cette vente sous seing privé était enregistrée.

Le 30 janvier 1873, M. Lustrement, après avoir transcrit son acte d'acquisition, notifiait son contrat aux créanciers inscrits, conformément aux art. 2181, 2183 du Code civil, 832 et suiv. du Code de procédure civile, et remplissait les formalités nécessaires pour arriver à la purge.

Dès cette époque, M⁰ Chevreux et M⁰ Desenfant, créanciers des frais, et mentionnés aux art. 6 et 7 précités du cahier des charges, firent de nombreuses démarches près de M. Wibaille, à l'effet d'obtenir de lui le paiement de ces frais. M. Wibaille se contenta de ne point répondre, et aucun paiement ne fut effectué. En conséquence le 17 juillet 1873, M⁰ Chevreux (qui avait été, dans la procédure précédente en licitation, l'avoué de M. Wibaille) lui fit signifier par huissier une sommation de payer, l'avertissant, que, faute par lui de ce faire, il allait être procédé contre lui à la dernière rigueur. M. Wibaille ne fit aucune réponse à cette sommation, qui n'était, du reste, prescrite par aucun texte de loi. Cette sommation avait, dans la pensée de M⁰ Chevreux, seulement un double objet : 1⁰ avertir M. Wibaille que l'on allait désormais procéder rigoureusement contre lui ; 2⁰ lui faire connaître que M⁰ Chevreux, son ancien avoué, allait cesser de le représenter, et le poursuivre, en son nom personnel, en vertu du cahier des charges, pour le paiement de ses frais et débours. En présence de la force d'inertie que M. Wibaille continuait à opposer, M⁰ Chevreux demanda, le 21 juillet 1873, conformément aux art. 734 et 964, al. 3, du Code de procédure civile, la délivrance d'un certificat constatant que M. Wibaille, l'adjudicataire, n'avait point rempli les conditions de son adjudication. Puis le 1er août 1873, Me Chevreux fit signifier à M. Wibaille la réquisition de mise aux enchères, et l'assigna pour comparaître à l'audience du tribunal civil du 31 août 1873. La même signification fut adressée aux divers colicitants, MM. Brunelet, Ruffin, dame Carlier et autres, le 2 août de la même année. Dans cette situation, quel était, pour M. Wibaille, le moyen légal d'éviter la revente sur folle enchère? — Les art. 734 et 738 du Code de procédure civile lui ouvraient une double voie : 1° il pouvait former opposition à la délivrance du certificat (art. 734, al. 2). Cette mesure lui avait été, d'ailleurs, connue, en fait : car l'on sait qu'à la date du 17 juillet 1873, Me Chevreux lui avait signifié à personne son intention formelle de procéder, sous trois jours, à la demande de revente sur folle enchère, faute de paiement; 2° il pouvait (art. 738) apporter la preuve du paiement des charges, et consigner une somme fixée par le président du tribunal pour les frais de la folle enchère : il ne l'a pas fait non plus. Le 16 août 1873, M. Wibaille se contenta de signifier des conclusions tendant à repousser la revente sur folle enchère, d'une part parce que l'acte du 1er août 1873, à lui signifié, ne contenait ni constitution ex presse d'avoué, ni élection de domicile, d'autre part parce que Me Chevreux ne justifiait pas avoir obtenu la distraction des dépens et inscrit son privilége des frais. Le 20 août 1873, furent signifiées les conclusions de Me Chevreux, tendant, au contraire, à l'admission de la folle enchère.

Ces dernières conclusions furent accueillies, à la date d 21 août 1873, par un jugement du tribunal civil d'Avesnes, dans les termes suivants : — « Attendu que, s'il est de principe que, devant les tribunaux civils, le ministère des avoués est obligatoire, il n'est pas contesté que les avoués peuvent occuper pour eux-mêmes, dans leur propre cause; que, dès lors, si Me Chevreux, avoué, soulevant, en son nom personnel, un incident sur une procédure qu'il avait primitivement suivie au nom de ses clients, a négligé de déclarer, dans l'exploit d'assignation, qu'il occupait et se constituait pour lui-même, cette irrégularité, toute de forme, a été couverte à suffisance par la signification des conclusions du défendeur, par lesquelles celui-ci a reconnu implicitement la qualité de

Me Chevreux; — attendu que les dispositions du Code de procédure civile, relatives à la folle enchère, sont applicables aux ventes sur licitation, comme à toutes les autres ventes ordonnées par la justice, alors surtout que l'adjudicataire s'est soumis à la folle enchère par les clauses mêmes de la vente; — attendu qu'il a été expressément stipulé dans le cahier des charges, clauses et conditions de l'adjudication que, faute par l'adjudicataire de payer tout ou partie de son prix, les vendeurs ou leurs créanciers pourraient faire vendre le bien dont il s'agit par folle enchère et dans les formes prescrites par la loi; — attendu que cette stipulation, générale dans ses termes, et faite au profit de tous les créanciers des vendeurs, sans distinction, n'a rien qui soit contraire à la loi, à l'ordre public ou aux bonnes mœurs; que, par conséquent, faisant la loi des parties, il n'y a aucun motif pour qu'elle ne reçoive pas son exécution; — attendu, d'ailleurs, qu'en supposant que Me Chevreux ne puisse pas poursuivre la vente par folle enchère en son nom personnel, en qualité de créancier des vendeurs, il le pourrait au moins au nom et comme exerçant les droits de ses débiteurs, les vendeurs, dont le droit de poursuivre la vente par folle enchère n'est pas contesté; qu'il est donc sans intérêt de rechercher si Me Chevreux est créancier chirographaire, ou s'il est privilégié, s'il a pris inscription pour la conservation de son privilége, ou encore s'il est distractionnaire des dépens; — attendu que Wibaille, l'adjudicataire fol enchérisseur, ne fait pas d'offres pour arrêter les poursuites de folle enchère; — attendu que Lustrement, le tiers acquéreur, n'est pas en cause, et n'intervient pas, comme il en avait le droit, pour arrêter les poursuites de folle enchère, et faire maintenir la vente consentie à son profit, et que ses offres n'ayant été jusqu'ici ni acceptées, ni validées par jugement, il dépend de lui de les retirer; que ces offres ne peuvent donc pas, en l'état, paralyser le droit des vendeurs et de leurs créanciers de poursuivre la revente sur folle enchère contre l'adjudicataire, qui ne remplit pas et n'offre pas de remplir ses obligations; — par ces motifs, sans s'arrêter ni avoir égard aux fins de non-recevoir élevées par Wibaille, et qui ne sont pas justifiées; — dit qu'il sera passé outre à l'adjudication sur folle enchère suivie par Me Chevreux C. Wibaille; — condamne ledit Wibaille aux dépens de l'incident, dont distraction, etc.

Appel de ce jugement a été interjeté par M. Wibaille, à la date du 30 août 1873.

Dans l'intervalle, le 23 août 1873, la revente sur folle enchère avait eu lieu, et un tiers s'était porté nouvel adjudicataire, moyennant 4,000 fr.

Devant la Cour, M° Allaert, avocat des héritiers Wibaille (1), soutint que la procédure de folle enchère, suivie à la requête de M° Chevreux, était nulle, à la fois à raison de la manière dont elle avait été mise en mouvement, et à raison des personnes par lesquelles et contre lesquelles la poursuite avait été dirigée. Puis, précisant davantage ses critiques, M° Allaert présenta successivement les quatre objections suivantes :

1° Un moyen de nullité tiré de ce que l'exploit du 1er août 1873, signifié pour le compte personnel de M° Chevreux, ne contenait ni constitution d'avoué, ni élection de domicile, contrairement aux art. 64 et 75 du Code de procédure civile.

Nous avons plaidé, dans l'intérêt de M° Chevreux : 1° qu'une constitution d'avoué spéciale et formelle, avec élection de domicile, n'était point nécessaire dans la poursuite de folle enchère, simple continuation d'une procédure antérieure, en vertu des articles 964 et 735 à 738 du Code de procédure civile ; — 2° que cette constitution d'avoué, fût-elle nécessaire, se rencontrait dans la sommation extrajudiciaire du 17 juillet 1873, où M° Chevreux, *avoué*, déclarait se proposer d'agir comme créancier et en son propre nom, et faisait élection de domicile en son étude à Avesnes, déclaration renouvelée dans l'exploit du 1er août 1873 ; — 3° que la nullité, en tout cas, s'il y en avait une, aurait été couverte par les conclusions et les reconnaissances de M. Wibaille.

2° M° Allaert invoquait une fin de non-recevoir tirée de ce que M° Chevreux, l'intimé, n'avait ni obtenu la distraction des dépens, ni inscrit son privilége des frais.

Nous avons répondu que la revente sur folle enchère peut,

(1) M. Wibaille étant mort au mois de janvier 1874, au moment où l'affaire allait être plaidée en appel, il y eut une interruption dans la procédure et l'instance ne fut reprise au nom des héritiers de M. Wibaille, que dans le courant du mois de mai 1874.

en principe, être poursuivie par tout créancier qui y a intérêt,
et que Me Chevreux puisait d'ailleurs dans les art. 6 et 12 du
cahier des charges, un droit indélébile de créancier chirographaire, indépendamment de l'accomplissement des conditions (1) dont il s'agit.

3° Me Allaert a encore objecté que la poursuite de folle enchère était impossible contre un colicitant adjudicataire.
Dans ce cas, il n'y aurait lieu, pour les colicitants eux-mêmes,
qu'à l'exercice du privilége des art. 2103, n° 3 et 2109 du Code
civil, et pour tous autres, qu'à la procédure ordinaire de la
saisie immobilière (art. 673 et suivants du Code de procédure
civile). Me Allaert a argumenté en ce sens, du caractère déclaratif de la licitation-partage, et de l'art. 883 du Code civil.
Il a soutenu que les adjudicataires colicitants ne pouvaient
être soumis à la revente par folle enchère qu'en vertu d'une
clause formelle et spéciale du cahier des charges, visant tex-
tuellement l'éventualité de colicitants se portant adjudicataires. En ce sens, les arrêts suivants ont été produits devant
la cour : Bordeaux, 22 mai 1834 (Sirey, 34-2-460 et 461) ;
Bourges, 13 janvier 1845 (Sirey, 46-2-407) ; Toulouse, 12 février 1846 (D. P., 46, 2, 94) ; Paris, 20 novembre 1851 (D. P.,
54-5-545) ; Nîmes, 30 août 1853 (Sirey, 54-2-368) ; Bordeaux,
3 mars 1852 (D. P., 54-5-547) : Lyon, 14 février 1853 (D. P.,
54-5-544) ; Nancy, 13 décembre 1859 (D. P., 60-2-168 ; Sirey,
60-2-73). Comparez M. Demolombe, *Traité des Successions*,
t. V, nos 272, 274, et surtout nos 308, 309 et 310, avec les
autorités auxquelles il renvoie ; — MM. Aubry et Rau, nouvelle édition de 1873, t. VI, p. 562, § 625, texte E et note 22.

A cette nouvelle objection nous avons opposé trois réponses :
1° Il ne faut pas exagérer la portée de l'art. 883 du Code civil.
Le caractère déclaratif du partage, proclamé par ce texte, a
uniquement pour but de résoudre les droits constitués durant l'indivision, par cela seul que le bien qui en est l'objet

---

(1) En ce sens, M. Bioche, t. VI, p. 684, v° *Vente sur folle enchère*, § 3,
n° 26 *in fine* ; — MM. Boitard et Colmet-Daage, sur les art. 733 à 734, t. II,
p. 390 ; — MM. Carré et Chauveau, t. V, p. 1208, *De l'exécution des juge-
ments*, question 2426 *bis* ; — M. Rodière, *Cours de Procédure civile*, t. II,
p. 322 ; — Douai, 28 février 1850 (*Jurisp. de la cour*, 1850, t. VIII, p. 131
à 135) ; — Cass., 19 juillet 1858 (D. P., 1859, 1-13 et 14 ; Dev., 58-1-786).
Comparez toutefois un arrêt de la cour de Paris du 22 mai 1833, rapporté
au *Répertoire* de M. Dalloz, v° *Vente publique d'immeubles*, n° 2187.

n'échoit pas en propriété pleine et exclusive au constituant. Mais, à tous autres égards, le partage porte le caractère translatif. Comment serait-il possible d'expliquer autrement la garantie et le privilége qui en résultent, aux termes des art. 884, 2103, al. 3 et 2109 du Code civil ? Ce qui est vrai, c'est que le partage est une opération mixte, qui porte à la fois le caractère translatif et le caractère déclaratif (Voyez M. Demolombe, t. XVII, n°s 264 et 300 à 303 ; — MM. Aubry et Rau, t. VI, § 625, texte A et note 1 ; — M. Bertauld, *Questions pratiques et doctrinales du Code Napoléon*, sur l'article 883, t. Ier, n°s 298 à 301, p. 245 et suiv.); — 2° Les adjudicataires colicitants peuvent, en tous cas, être soumis à la revente par folle enchère en vertu d'une clause formelle du cahier des charges : or, telle est précisément *à fortiori* la situation dans l'espèce, puisque le droit de Me Chevreux est reconnu par les art. 6, 7 et 12 dudit cahier des charges. Exiger que la désignation textuelle des colicitants soit faite dans la clause, ce serait, d'une part, imposer une formule sacramentelle, contrairement à l'interprétation large du droit moderne ; ce serait, d'autre part, perdre de vue que presque toujours, en pratique, quand il n'y a pas d'incapables en cause, la licitation se fait entre les copropriétaires eux-mêmes, sans admission d'étrangers ; — 3° Enfin, l'objection ne pourrait, en tout cas, trouver son application que lorsqu'il s'agit de colicitants voulant poursuivre l'un de leurs colicitants : or, dans l'espèce actuelle, Me Chevreux est un tiers poursuivant la folle enchère, *comme créancier*, et en vertu d'une action personnelle, qu'il puise dans le cahier des charges. Toute la question se réduit donc à l'interprétation des art. 6, 7 et 12 dudit cahier des charges, sans qu'il y ait lieu de discuter davantage le moyen tiré de l'art. 883. La Cour a, du reste, dans l'arrêt confirmatif que nous allons rapporter tout à l'heure, accueilli cette manière de voir.

4° Me Allaert s'est enfin appuyé, dans l'intérêt de M. Wibaille, sur ce fait que l'immeuble avait été revendu par le fol enchérisseur à un tiers, M. Lustrement, lequel avait fait transcrire son titre et rempli les formalités de la purge (Comp. art. 1166 Cod. civ.; art. 733 Cod. proc. civ.; loi du 23 mars 1855, art. 1 et 7). Me Chevreux, n'ayant point inscrit son privilége des frais, est un créancier simplement chirographaire : or, il est impossible d'admettre qu'un créancier purement chirographaire puisse poursuivre la revente sur folle enchère, alors qu'en le supposant créancier privilégié ou hypothécaire, il ne pourrait pas, faute d'inscription en temps utile, faire valoir son privilége, ni intenter l'action résolutoire, à cause de la présence d'un tiers acquéreur qui, lui, a régulièrement transcrit (art. 7, loi du 23 mars 1855). Ajoutez un arrêt de la Cour de Paris du 22 mai 1833, rapporté au *Répertoire* de Dalloz, v° *Vente publique d'immeubles*, n° 2187. Cet arrêt semble bien exiger l'inscription du privilége des frais préalablement à la poursuite de folle enchère : en effet, il décide que, lorsqu'il a été, dans une adjudication, stipulé au profit du vendeur le droit de revendre sur folle enchère, faute de paiement du prix et de ses accessoires, si l'acquéreur s'est libéré par des offres et une consignation qu'un jugement ait validées, l'avoué poursuivant la première vente, encore qu'il n'ait pas été partie dans ce jugement, ne peut plus poursuivre la folle enchère, à raison des frais de procédure ou de poursuite non payés, pour lesquels il n'aurait pris aucune inscription.

Nous avons répondu : 1° Quant à cet arrêt de la Cour de Paris du 22 mai 1833 (Sirey, 33-2-406), il est étranger à l'espèce actuelle ; en effet, le cahier des charges, dans l'affaire jugée par la Cour de Paris, portait : « A défaut de paiement de tout ou partie du prix, les *vendeurs* auront le droit de faire revendre l'immeuble par folle enchère sur l'adjudicataire. » Il n'est pas question ici, comme dans l'espèce actuelle, du droit accordé à *l'avoué* de poursuivre la folle enchère, puisque ce droit n'est consacré qu'au profit des vendeurs pour le défaut de paiement de tout ou partie du prix ; — 2° quant au fond du droit, il faut soigneusement distinguer les principes applicables à l'action résolutoire ou au privilége (art. 7, loi du 23 mars 1855) et les règles de la poursuite sur folle enchère (art. 733 du Code de procédure civile). Il est certain que les articles 733 et suivants du Code de procédure civile, pris dans leurs termes formels, ouvrent la procédure de folle enchère au profit des créanciers chirographaires qui puisent leurs droits dans le cahier des charges, sans tenir aucun compte de ce fait, qu'une revente aurait eu lieu et aurait été transcrite. Cette solution est d'ailleurs rationnelle : d'une part, en effet, les tiers ont dû consulter, en fait, le cahier des charges, et en droit, ils sont censés le connaître ;

d'autre part, le fol enchérisseur ne peut pas transmettre, par des reventes transcrites ou non transcrites, plus de droits qu'il n'en avait ; or, le fol enchérisseur n'est lui-même propriétaire que sous la condition suspensive de l'acquittement des charges de son adjudication (art. 2125 du C. civ.) ; donc l'effet résolutoire de la poursuite de folle enchère peut et doit pouvoir atteindre tout ayant-droit quelconque de ce fol enchérisseur. La doctrine et la jurisprudence s'accordent (1) à le décider ainsi : Voy. M. Séligman, Explication de la loi du 21 mai 1858 sur les saisies immobilières et la procédure d'ordre, n° 722 ; — Besançon, 16 décembre 1857 (D. P., 59-2-148) ; — Cass., 19 juillet 1858 (D. P., 59-1-13 et 14) ; — Bourges, 9 août 1862 (Dev., 63-2-20 et 21) ; — Besançon, 30 juillet 1859 (D. P., 60-2-29) ; — Bordeaux, 2 août 1860 (D. P., 61-2-66) ; — Toulouse, 4 mars 1864 (D. P., 64-2-72) ; — Chambéry, 12 mai 1869 (D. P., 69-2-164 et 165) ; — Cass., 16 novembre 1869 (D. P., 70-1-360) ; — Cass., 6 novembre 1871 (D. P., 71-1-336). Comparez M. Dalloz, *Répertoire*, v° *Vente publique d'immeubles*, n°s 1834, 1907, 2178 et suiv. ; Cass., 8 août 1854 (D. P., 54-1-270 et 271) ; Sirey et Ruben de Couder, *Table décennale de* 1861 *à* 1870, v° *Folle enchère*, n°s 1 à 4, et *Table décennale de* 1851 *à* 1860, *eod. verbo*, n° 6 ; M. Dalloz, *Table de* 1845 *à* 1867, v° *Folle enchère*, n°s 3 à 14, et 38 à 51. De tous ces documents il résulte que l'article 7 de la loi du 23 mars 1855 n'est pas applicable, en matière de vente publique d'immeubles, au droit de poursuivre la revente sur folle enchère pour inexécution des clauses du cahier des charges. Le créancier même purement chirographaire, dont le droit est fondé sur le cahier des charges, se trouve donc dans une situation plus avantageuse (et cela quoiqu'il arrive et jusqu'à l'expiration des délais de la prescription du droit commun), que ne le serait la position des créanciers hypothécaires ou privilégiés : ces derniers, en

(1) Il ne faut pas toutefois méconnaître qu'il y a un défaut de logique regrettable dans ces dispositions d'ailleurs certaines de la loi. Il en résulte, en effet, qu'un simple créancier chirographaire peut, en vertu du cahier des charges, exercer des droits exorbitants qui seraient refusés à un créancier de droit commun, même privilégié ou hypothécaire (Comp. art. 6 et 7 de la loi du 23 mars 1855 ; aj. M. Verdier, *Traité de la transcription hypothécaire*, t. II, n° 599, p. 479).

effet, ont à redouter à la fois une inscription tardive, en présence de nouvelles aliénations (art. 1, 2, 3 et 6 de la loi du 23 mars 1855), la nullité de leur inscription pour vices de formes (art. 2148 et suiv. du Code civil), et la prescription, soit de cette même inscription, soit de leurs droits eux-mêmes (art. 2154, 2180 du Code civil, et art. 7 de la loi du 23 mars 1855). Tous ces principes demeurent, au contraire, étrangers à la procédure de folle enchère, et aux droits qui s'y rattachent en législation, ou qui découlent, en fait, du cahier des charges.

En présence de ces arguments divers, la Cour a rendu, à la date du 15 mai 1874, un arrêt confirmatif, par adoption des motifs des premiers juges, et en y ajoutant plusieurs considérants nouveaux fortement motivés. — La Cour : En ce qui concerne le moyen de nullité tiré de ce que l'exploit du 1er août 1873 ne contient ni constitution d'avoué, ni élection de domicile, — attendu que, par un acte extrajudiciaire antérieur, en date du 15 juillet de la même année, dont le second n'était que la conséquence, Chevreux, déclarant agir comme créancier, et faire élection de domicile en son étude, avait fait faire sommation à Wibaille de justifier de l'accomplissement des clauses et conditions de l'adjudication prononcée à son profit ; — qu'agissant pour lui-même, ainsi qu'il l'avait expressément énoncé, il aurait pu se dispenser de constituer avoué ; qu'il résulte, au surplus, virtuellement des énonciations sus-mentionnées qu'il s'était constitué pour lui-même, et qu'il est inadmissible que Wibaille ait pu se méprendre à cet égard ; — qu'il n'avait pas enfin, à répéter, dans l'exploit argué de nullité, une élection de domicile déjà connue de celui à qui il était notifié ; — qu'en supposant que ce dernier exploit ne renfermât point les formalités substantielles d'un ajournement, il faudrait encore reconnaître que Chevreux a satisfait aux exigences de la procédure spéciales de folle enchère ; qu'il établit, par un certificat du notaire chargé de la vente, que l'adjudicataire n'a pas justifié de l'acquit des conditions auxquelles elle était faite ; qu'il a fait procéder à l'apposition de nouveaux placards, ainsi qu'à l'insertion de nouvelles annonces, et qu'il a notifié, quinze jours avant l'adjudication, les jour et heure de cette adjudication, au fol enchérisseur et à ses colicitants ;

— que, d'après les articles 964 et 734 et suiv. du Code de procédure civile, il n'avait point d'autres formalités à remplir, pour arriver à la revente qu'il poursuivait. — Quant à la non-recevabilité de la poursuite, laquelle résulterait de ce que l'intimé n'aurait ni obtenu la distraction des dépens, ni pris inscription pour la sûreté de ses frais : — Attendu qu'il est de principe que la revente sur folle enchère peut être poursuivie par tout créancier qui y a un intérêt (1) ; — que la créance de Chevreux n'est pas contestée, non plus que la cause qui y a donné naissance ; — qu'il puise, d'ailleurs, dans l'art. 12 du cahier des charges un droit indépendant de l'accomplissement des conditions dont il s'agit ; — qu'il y a donc lieu de rejeter la fin de non-recevoir, comme les moyens de nullité proposés par les appelants ; — Attendu, d'un autre côté, que ceux-ci se prévalent en vain de ce que l'immeuble, dont Wibaille s'est rendu adjudicataire, *est devenu la propriété d'un tiers qui a fait transcrire son titre et rempli les formalités de la purge ;* — qu'il n'a pu transmettre à celui-ci plus de droits qu'il n'en avait lui-même ; — qu'à défaut, par Wibaille, d'avoir satisfait aux clauses et conditions du cahier des charges, l'adjudication ne l'a pas rendu propriétaire ; — que son acheteur ne peut, dès lors, tenir de la revente qu'il lui a faite, un droit de propriété, dont il n'a lui-même jamais été investi ; — par ces motifs, et en adoptant ceux des premiers juges, la Cour met l'appellation à néant, etc. (2).

(1) Un arrêt de la cour de Chambéry du 12 mai 1869 (D. P., 69-2-164 et 165) semble toutefois apporter une restriction à cette règle générale, que la revente sur folle enchère peut être poursuivie par *tout créancier qui y a intérêt.* Cet arrêt décide, en effet, que, pour pouvoir poursuivre la folle enchère, le créancier purement chirographaire ou cédulaire doit avoir au moins obtenu, dans l'ordre, un bordereau de collocation. Mais la cour de Douai, dans l'espèce de l'arrêt du 15 mai 1874, rapporté au texte, n'avait pas à se préoccuper de ce point de vue fort contestable d'ailleurs. En effet, la position de l'avoué, Mᵉ Chevreux, était, en vertu des art. 6, 7 et 12 du cahier des charges, bien préférable à celle d'un créancier chirographaire ordinaire, porteur d'un bordereau de collocation. L'art. 6 dudit cahier des charges déclarait formellement que Mᵉ Chevreux, l'avoué, devrait être payé dans la huitaine de l'adjudication, par conséquent, avant l'ouverture de l'ordre. Il est clair que cette condition, imposée par les art. 6, 7 et 12 du cahier des charges serait devenue complétement illusoire, si l'avoué avait été forcé d'attendre l'ordre, pour obtenir un bordereau de collocation.

(2) Douai, arrêt du 15 mai 1874, 2ᵉ chamb. civ. Prés., M. Bottin ; minist. publ., Mᵉ Preux, avoc. gén. ; avoc. MM. Allaert et de Folleville.

La Cour de Douai a donc décidé que la procédure de folle enchère, n'étant qu'un incident de la saisie immobilière et la continuation d'une procédure précédemment commencée, n'exige ni constitution d'avoué, ni élection de domicile, spéciales et nouvelles (art. 734, 735 et suiv., art. 964 Cod. proc. civ.), même quand il s'agirait d'un avoué qui, cessant d'occuper pour son client, veut occuper dans sa propre cause, pour obtenir le paiement de ses frais. — Il importe peu que l'avoué n'ait point requis ni obtenu la distraction des dépens, si, d'ailleurs, il est constitué créancier chirographaire par une clause formelle du cahier des charges (art. 1134 Cod. civ.). — Il importe peu également que l'avoué, placé dans les mêmes conditions, n'ait point inscrit son privilége des frais (art. 1134 Cod. civ.). — L'avoué, constitué ainsi par une clause expresse du cahier des charges créancier chirographaire, est recevable, comme tout créancier chirographaire de droit commun, à poursuivre la folle enchère, à raison du défaut de paiement de ses frais, alors même que l'immeuble aurait été revendu par le premier adjudicataire, et serait devenu la propriété d'un tiers acquéreur, lequel aurait d'ailleurs fait transcrire son titre et rempli les formalités de la purge (Comp. art. 2181 et suiv. du Code civil, et loi du 23 mars 1855, art. 1er et 7).

Il convient de faire, en terminant, une observation importante : dans notre matière, comme dans les autres, la fraude fait exception à tous les principes, en vertu du droit commun : *fraus omnia corrumpit*. Nous ne pouvons dès lors qu'approuver deux décisions importantes de la Cour de cassation, l'une en date du 8 décembre 1858 (D. P., 59-1-184), l'autre en date du 14 mars 1859 (D. P., 59-1-500), lesquelles, appliquant les art. 6 et 7 de la loi du 23 mars 1855, ont consacré la solution suivante : L'article 6 de la loi du 23 mars 1855, qui ne permet plus au vendeur d'un immeuble d'inscrire son privilége après la transcription de la revente du même immeuble, lorsqu'il ne se trouve plus dans les quarante-cinq jours de son contrat, est inapplicable au cas où cette revente et sa transcription ont eu lieu dans le but, *frauduleusement* concerté entre les deux parties, de faire encourir au vendeur primitif la déchéance de son privilége et de son action résolutoire. En conséquence, le vendeur conserve, en

ce cas, son privilége, et avec lui, son action résolutoire.
Il est bien entendu, du reste, que, dans cette opinion, la
participation à la fraude doit résulter de faits graves. La
simple connaissance, soit d'une précédente vente, soit du
défaut de paiement du vendeur primitif, ne suffirait pas
pour enlever au sous-acquéreur le bénéfice de sa transcription régulièrement réalisée. Comparez l'article 1071 du
Code civil.

FIN.

Corbeil. — Typ. et stér. de CRÉTÉ fils.

OUVRAGES DU MÊME AUTEUR

Des caractères distinctifs des associations commerciales en participation (1865). Durand. Une brochure in-8. — *Épuisée.*

Considérations générales sur l'acquisition ou la libération par l'effet du temps (1869). Thorin. 1 vol. gr. in-8.......... 3 »

De l'interdiction considérée comme cause de séparation de biens judiciaire (1870). Cotillon. Une brochure in-8........ 1 50

Étude sur le paiement avec subrogation; ses caractères distinctifs (1871). Thorin. Une brochure in-8................ 1 »

Programme sommaire du cours de Code civil (*Deuxième examen*), *avec une Étude sur le partage d'ascendants* (1871). Thorin. 1 vol. in-8.. 8 »

Étude sur la jonction des possessions (*art.* 2235 *du Code civil*) (1871). Marescq aîné. Une brochure in-8..................... 2 50

De la revendication des titres au porteur en matière de faillite (1871). Marescq aîné. Une brochure in-8.............. 1 »

De la publicité des contrats pécuniaires de mariage, d'après la loi du 10 juillet 1850. Marescq aîné (1872). Une brochure in-8.. 2 »

La loi du 12 août 1870 et le cours forcé des billets de la Banque de France (1872). Marescq aîné. Une brochure in-8..... » 50

Sommaire des Prolégomènes du cours de Code civil (1873). Thorin. Une brochure in-8................................. 2 50

Notion du droit et de l'obligation (quatre premières leçons d'un cours triennal de Code civil). Une brochure in-8................. 2 50

De la légitimation des enfants incestueux (simple note extraite du *Recueil spécial de Jurisprudence de la Cour de Douai*, t. XXXI, p. 109 (1873). Thorin. Une brochure in-8........................ » 50

De la délégation des fonctions de l'instruction aux juges suppléants (1873). Thorin. Une brochure in-8.............. » 50

Comparaison des articles 434, 443 et 479 § 1er du Code pénal (compte rendu d'une réforme proposée par M. de Caudaveine, président de chambre à la Cour d'appel de Douai (1874). Marescq aîné. Une brochure in-8.. » 50

Essai sur la vente de la chose d'autrui. Marescq aîné. 1 vol. in-8 (1874).. 3 50

De la possession précaire. Marescq aîné. Une br. in-8 (1874). 1 50

Traité de la possession des meubles et des titres au porteur. Marescq aîné. 1 vol. in-8. — Seconde édition (1875)........... 12 »

Des clauses de remploi et de la société d'acquêts sous le régime dotal (Étude suivie du programme de six cours sur la communauté réduite aux acquêts). Marescq aîné. — Une brochure in-8 (1875)... 2 50

Corbeil. — Typ. et stér. de Crété fils.

www.ingramcontent.com/pod-product-compliance
Ingram Content Group UK Ltd.
Pitfield, Milton Keynes, MK11 3LW, UK
UKHW021651130726
13696UKWH00004B/1538